無藤　隆・森　敏昭　監修

児童心理学

青木多寿子・戸田まり　編著

心理学のポイント・シリーズ

学文社

執 筆 者

＊青木 多寿子	広島大学
浅井 亜紀子	桜美林大学
磯村 陸子	千葉経済大学短期大学部
伊藤 崇達	愛知教育大学
井野 英江	東京大学保健センター
小島 康生	中京大学
澤江 幸則	筑波大学
鈴木 亜由美	広島修道大学
遠矢 幸子	香蘭女子短期大学
＊戸田 まり	北海道教育大学
萩原 拓	北海道教育大学
藤田 敦	大分大学
眞榮城 和美	清泉女学院大学
丸山(山本)愛子	日本学術振興会
森 陽子	広島福祉専門学校
山縣 宏美	西日本工業大学

（＊印は編者，50音順）

まえがき

　本シリーズは，心理学の基本となる知識をわかりやすく伝えるものです。各研究分野における日本の主導的な研究者が編集を行い，次のような領域ごとに整理されています。心理学概論・心理学史・認知心理学・学習心理学・発達心理学・幼児心理学・児童心理学・教育心理学・臨床心理学・社会心理学。

　どの巻もわかりやすくコンパクトに基礎知識が解説されています。特別な予備的勉強が必要でなく，それだけで理解できるようになっています。記載の順番はそれぞれの巻の特性に応じて自然になるようにしてあるので，順次，それに沿って読むようになっていますが，別々に適当な箇所を開いて読んでも理解可能なようになっています。

　心理学の世界は，今や広範に広がり，それを一望することは困難です。まして，その基礎知識を簡便に手に入れることは難しいのですが，本シリーズはそれをめざして，編集しています。大学生が初めて心理学を勉強するのに役立つのはもちろんですが，専門課程にいる学生にも参考になる点が多々あるでしょう。大学院の受験の際の知識の整理にも有用です。また，公務員試験そのほかの勉強にも参考書として使えます。

　わかりやすく解説することに努めましたが，その内容は心理学の研究成果に基づいた確かなものです。事典やハンドブックとしても使えるように意図しています。

　現在，大学の学部の教育の成果を「学士力」として明確にすることが求められるようになりました。本当に大学で学んだかどうかが問われる時代になったのです。そのために，しっかりと授業に参加して学ぶことが必要なのですが，同時に，きちんとしたテキストで知識を整理することが大事になります。

　また，心理学を専攻してはいないけれど，それをちゃんと学びたいという人たちも増えてきました。そういった人たちのために，「心理学検定」が心理学

の諸学会の集まりの組織のもとで開始されてもいます。その試験に備えるために学習したいという人のための参考書にもなるようにしてあります。

　どうかこのシリーズを入り口として，心理学の豊かな世界の魅力を体験してください。

2009年9月

無藤　隆

森　敏昭

目　次

まえがき

第1章　人生の時期のなかでの児童期　　6

問題1　発達段階理論を紹介しながら，人格形成を中心に，人生における児童期の特徴について述べよ　6

問題2　知的成長におけるピアジェの4つの発達段階について児童期の特徴を中心に説明せよ　8

問題3　認知の発達に関するヴィゴツキーの考え方について説明せよ　10

問題4　ブロンフェンブレンナーの人間発達の生態学について説明せよ　12

第2章　子どもの健康と安全　　14

問題5　脳の発達の一般的特徴について述べよ　14

問題6　子どもの健康とそれに影響する要因について説明せよ　16

問題7　子どもの身体と運動機能の発育・発達の一般的特徴について説明せよ　18

問題8　運動スキルの個人差をもたらす心理的要因について説明せよ　20

問題9　子どもの発達的特徴をふまえたうえで事故リスクと安全について説明せよ　22

第3章　知的能力，認知機能の発達　　24

問題10　知能に関する考え方についてまとめよ　24

問題11　個人差としての創造性と認知スタイルについてまとめよ　26

問題12　児童期の記憶の発達について述べよ　28

問題13　情報処理理論の観点から児童期の認知発達について述べよ　30

問題14　子どものメタ認知とその役割について述べよ　32

問題15　他者との相互作用が子どもの問題解決の熟達に及ぼす影響について述べよ　34

問題16　効果的な学習の転移にはどのような教育上の工夫が必要か　36

第4章　学業達成と動機づけ　　38

問題17　家庭の要因は子どもの学業達成においてどのような役割を果たしているか　38

問題18　達成動機とそれにかかわる認知的側面としての原因帰属の関係について述べよ　40

問題19　自己決定論をふまえて児童期における動機づけの特徴について述べよ　42
問題20　子どもの学業達成，動機づけと社会・文化の要因とのかかわりについて述べよ　44
問題21　児童期における自己調整学習のあり方について述べよ　46

第5章　学校・家庭での学習　48

問題22　子どものことばの発達と教育との関係について述べよ　48
問題23　子どもの数量概念の発達と教育との関係について述べよ　50
問題24　子どもの科学的概念の認識の発達と教育との関係について述べよ　52
問題25　子どもの社会概念の発達と教育との関係について述べよ　54
問題26　子どもの体験や感性，表現力と教育との関係について述べよ　56

第6章　子どもと環境　58

問題27　子どもは生活する空間をどのように経験しているか　58
問題28　児童期の子どもにとって遊びはどのような意義があるか　60
問題29　子どもにとって学校（学校制度）はどのような意味をもっているか　62
問題30　教室は子どもにとってどのような場か　64
問題31　幼保小間・小中間の移行は子どもとってどうむずかしいのか　66

第7章　家庭生活と家族関係　68

問題32　子どものいる世帯を中心に最近の家族生活の現状について述べよ　68
問題33　家族関係について理解するための方法やその際に必要な視点について述べよ　70
問題34　きょうだい関係の発達やかかわりを通じて得られることについて述べよ　72
問題35　親研究の歴史的背景ならびに親としての成長・発達の概要や現代的事情について述べよ　74
問題36　マルトリートメントの分類や特徴，背景要因のほか，予防・介入策についても述べよ　76

第8章　学校と仲間関係　78

問題37　子どもの仲間関係の特徴と意義について述べよ　78
問題38　子どもの仲間関係を育む社会的スキルとは　80
問題39　いじめのメカニズムを理解するには　82
問題40　子どもの学校経験を支える教師の役割について述べよ　84
問題41　子どもの学校生活に影響する学級風土について述べよ　86

目　次

第 9 章　社会性の発達　　88

問題 42　社会的情報処理理論について説明せよ　88
問題 43　「心の理論」が幼児期・児童期にどのように発達していくかを説明せよ　90
問題 44　道徳性の発達についてピアジェ，コールバーグ，チュリエルの理論をあげて説明せよ　92
問題 45　愛他性・向社会的行動と共感性の発達についてアイゼンバーグとホフマンの理論をあげて説明せよ　94
問題 46　攻撃性の高い子どもの行動的，認知的特徴とその援助方法について説明せよ　96

第 10 章　パーソナリティと自己の発達　　98

問題 47　パーソナリティの理解に用いられる代表的なパーソナリティ検査について述べよ　98
問題 48　自己概念の発達と適応との関係について述べよ　100
問題 49　自尊感情および自己効力感について説明せよ　102
問題 50　情動制御とその発達について述べよ　104

第 11 章　子どもたちへの支援　　106

問題 51　公立学校におけるスクールカウンセラー事業とその活動目的および実際の活動内容について述べよ　106
問題 52　不登校のとらえ方の変遷と支援の見立ておよび現在の支援状況について述べよ　108
問題 53　特別支援教育について旧来の特殊教育との違いも明らかにしながら述べよ　110
問題 54　発達障害とは何か。また，それに含まれる障害の特性，支援形態について簡潔に述べよ　112
問題 55　帰国子女と外国人児童の学校教育における支援の現状と課題を述べよ　116

第 12 章　児童期から青年期へ　　119

問題 56　児童期から思春期にかけての心身の発達について述べよ　119
問題 57　思春期の性意識と性的発達について説明せよ　121
問題 58　児童期から青年期までの発達の特徴を認知面を中心に述べよ　123
問題 59　児童の携帯電話，ネットの使用の影響について心理学的に考察せよ　125

引用文献　127
索　引　138

第1章　人生の時期のなかでの児童期

発達段階理論を紹介しながら，人格形成を中心に，人生における児童期の特徴について述べよ

　人の発達過程は胎児期，乳児期，幼児期，児童期，青年期，壮年期，中年期，老年期に区切られることが多い。発達は連続的な過程であるが，そのテンポはある時期は早く，他の時期は遅くなる。またそこには，身長，体重のように，たとえばレンガを1つずつ積み上げてゆけばブロック塀が完成してゆくような量の増大による変化もあるが，たとえば，いも虫がサナギ，そしてチョウになるような，飛躍的な構造上の差異がある質的変化と考えられる発達もある。こうして，子どもの発達を理解するのに発達段階が考えられてきた。

　フロイト（1856-1939）は，人格形成に影響するリビドー（性的エネルギー）の固着の問題に焦点をあてた。そして児童期は，とくに問題のない「潜伏期」

基準	人名	年齢 0	1	2	3	4	5	6	7	8	9	10	11	12	13	14	15	16	17	18	19	20	21	22
社会的	（学校制度）							幼稚園			小 学 校				中学校			高 校			大 学			
	（一般的）	乳児期		幼 児 期				児童（学童）期						青 年 期										
身体的	シュトラッツ				第一充実期			第一伸長期		男 第二充実期 女 第二充実期			第二伸長期 第二伸長期			第三充実期 第三充実期		成　熟　期 成　熟　期						
精神機能	ビューラー	客観		客観→主観				主観→客観			客観→主観				主観→客観									
	牛島		身辺生活時代				空想生活時代			知識生活時代						精神生活時代								
精神構造	ピアジェ	感覚運動知能期		前操作期				具体的操作期						形式的操作期										
	ブルーナー		行動的（動作的）表象					映像的表象					象徴的表象											
精神分析	フロイト	口唇期		肛門期		男根期			潜伏期					性器期										
	エリクソン	信頼対不信	自発性対疑惑		積極性対罪悪感			勤勉性 対 劣等感						同一性 対 同一性の拡散						親密さ対孤立				＊
	ブロス													分化期	再接近期		練習期	個体化期						
活 動	ヴィゴツキー（他）	直観的情緒的接触期		対象操作活動期			遊戯活動期			学習活動期				社会的コミュニケーション活動期					職業的学習活動期					

＊壮年期（生殖性　対　沈滞），老年期（統合性　対　絶望）と続く。

　　図1-1　種々な基準による発達段階の区分（山内・青木（1989）に加筆）

としている。エリクソン，E. H.（1902-1994）はフロイトの理論を継承しつつも，社会的，文化的要因を加え，生涯にわたる健全な自我の発達を重視した発達段階論を築いた。そこでは，人生周期は8段階に区分され，危機として発達課題が設定される。人はその各々の段階で遭遇する危機を個人で解決すると，自分自身や社会についてよいイメージをもつことができ，自我は健全に発達する。

　児童期の危機は「勤勉性　対　劣等感」である。児童期になると，学校に行く。知識や技能の獲得をめざす学業主体の学校生活では，教師と仲間のなかで主体的に行動することが求められ，学業や技能の課題が次々と与えられる。このような社会では勤勉性や根気，課題をやりとげることがよいこととされる。そして，勤勉さにより目的が達成されると自己価値は高まり**有能感**が形成されるが，達成に失敗したり，他者より劣っていたりすると劣等感が増幅する。

　他方で，身体の性的変化が緩やかで社会性が順調に発達する安定した潜在期である児童期には，同性の仲間関係が広がって深まり，**ギャング（徒党）**と呼ばれる小集団の結束が強まってゆく。この集団のなかで，児童はチームワークの価値，共通のゴールに向かってゆくこと，親しい仲間を信頼することなど，社会の組織に適応するうえで大切なことを多く学ぶ。加えて，仲間は，児童の自我が親から分離して個人になる過程においても重要な役割りを果たす。

　ブロスは人が親から自立して，個人になるプロセスを示した**分離−個体化論**で説明した。小学校後半の前青年期では，親との関係，とくに母親に対して幼児のようにまとわりついたりする一方，強く反抗・攻撃したりする**両価感情（アンビバレンス）**が生じやすい。この際，同性の友人が母子の中間対象となって母親とのアンビバレントな感情を解消するという。こうして児童は学校で仲間に出会い，刺激を向け，親から少し精神的距離をおき，自我の確立が問われる青年期に入っていく。

［丸山(山本)・青木］

参考文献	Erikson, E. H.　小此木啓吾訳編　1973『自我同一性』誠信書房 長尾博　1991「ケース青年心理学」有斐閣ブックス

問題2 知的成長におけるピアジェの4つの発達段階について児童期の特徴を中心に説明せよ

　ピアジェ（1896-1980）は，人類に特有な高度の思考に興味をもち，その発達に着目した。彼は，知的能力の発達は主体である人が環境との相互作用をとおして自分の枠組み（シェマ）を適応させてゆく過程だと考えた。さらに彼は人の知的成長は，順序性をもつ，質の違う4段階を経て発達すると主張した。

　第1段階は「**感覚運動期**」（誕生～2歳ごろ）で，乳児は生得的な反射行動などを含む感覚器官や運動を介して外の世界をとり込み，同時に主体的に外界へも働きかける。こうして，感覚と運動をとおして世界への**認識**を広めてゆく。

　第2段階の「**前操作期**」（2～7歳）は幼児期とほぼ重なる。この段階では，その前の**感覚運動期**で獲得した行為や感覚が内面化され，物を心の内でイメージすることが可能になる。このイメージが，幼児期にさかんなごっこ遊びとなる。しかし思考はまだ，自己中心的である。たとえば，自分にお母さんがいることは知っていても，お母さんにもお母さん（幼児からみると祖母）がいることを理解できない。このため，この時期の思考は論理的ではない。

　第3段階の「**具体的操作期**」（就学後～11，12歳ごろ）には，徐々に脱中心化もすすみ，数・量・重さに関する**保存概念**や時間・空間に関する概念ができるようになる。液量の保存の実験をとおして，このことを説明してみよう。図1－2に示すように同じコップにジュースを同じ高さ注いで，子どもに見せる。そしてA＝Bを確認させたあと，容器Bからほそ長いCに目の前でジュースをすべて移して見せる。そして子どもに，「こうするとどうなると思う。同じかな，どちらが多いかな。」と問う。すると二つの次元（高さと幅）に注目した子は「同じ」と答えるが，一次元（高さ）にのみ注目する子はCのほうがBより量が多くなったと言う。この課題に正解するには目立つ1つの特徴に左右されず二次元（高さと幅）に注意を向けて注がれたジュースを元に戻してみるような思考が必要である。つまり，1つの目立つ特徴にのみ注目するような**自**

己中心性の高い思考から**脱中心化**し，見かけにとらわれず，心のなかでジュースを元に戻してみるような可逆的な思考が可能となる。こうして具体的操作期では，見かけのみに注目した判断は減少し，物事の本質的な特徴についての理解や思考が促進されていく。

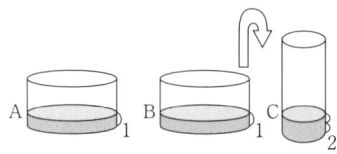

図1-2　液体の保存概念課題

　加えて彼は，この時期の子どもの概念が階層化されていないことも示している。たとえば，小学校低学年児に「あなたは日本人」と聞いてみる。そして子どもが「そうだよ」と答える子どもに対して，その子が住んでいる土地の名前をあげて「じゃあ，○○県人って言えるかな」と聞いてみる。すると，「違うよ。私は日本人」と答える。このことは，子どもたちの知識が大人のようにカテゴリー化されておらず，カテゴリー内でも階層性をもっていないことを意味する。

　こうして，数量，時間・空間に関する基礎に加え，階層化された概念が形成され，論理的に思考を行う基礎が整うことになる。しかし，抽象的な対象に関する論理的思考はまだ十分には行えず，具体性を伴った場合にのみ論理的思考が可能になるという限界がある。

　第4段階の「**形式的操作期**」(11, 12歳以上) では，具体物がなくても，言語や記号だけを用いて抽象的概念が理解できるようになる。たとえば，「平和」「勇気」などは具体物がない。そのため具体的操作期の子どもは，これらを考えることが難しいが，形式的操作期の子どもには可能となる。科学の仮説も仮定であり，具体物がないので具体的操作期の子には難しい。しかし形式的操作期では，仮説を組み立てて考える**仮説演繹的思考**が可能となる。

　ピアジェの研究は，子どもの思考の特徴を示すのに貢献した。しかし，発達段階を明確に区別できるかどうか，乳幼児の能力を低く見すぎていないか，文化や仲間の影響をどう説明するのかなどの批判もある。

〔丸山(山本)・青木〕

参考文献	塚野州一編著　2001『みるよむ生涯発達心理学』　北大路書房 宮原英種・宮原和子　1996『発達心理学を愉しむ』ナカニシヤ出版

問題3 認知の発達に関するヴィゴツキーの考え方について説明せよ

　ヴィゴツキー（1896-1934）は，認知の発達について自分より知識の豊かな他者との相互作用の重要性を主張した。つまり，個人の知性の発達は，親や教師など，社会・文化的に高い能力をもつ人からの支援が，子どもの知的な能力の発達を促すと考えた。この点，ピアジェも認知の発達では相互作用が重要だと説いている。しかしピアジェの場合，相互作用は他者と自分の考えのずれに気づき，それが葛藤となり，これが自分の考えを修正するきっかけとなり，知能が発達すると考えた。つまりピアジェの場合，相互作用で重視しているのは，認知のズレをもたらす人（環境）であり，特定の人を重視しているわけではない。

　ヴィゴツキーは，認知の発達をピアジェのように個人に焦点化せず，**社会・文化的な文脈**の中でとらえた。彼は，文化のなかに含まれる**道具**が知的発達に大きな影響を与えると考えた。知性の発達に影響を与える道具には2種類ある。まずは活字，定規，計算機，コンピュータなどの考えを支える道具である。もう一つは，言語，数の公式，地図，符号，手話などの精神的な道具である。彼は高度な思考をするには高度な道具の使用が必要だと説いた。そして知性の発達にはこの高度の思考のための道具，つまり，言語が最も重要だと主張した。なぜなら，人は言語によって問題解決の糸口を提案してもらったり，質問をしたり，考え方の概念を説明してもらったりすることができるし，言語によって現在を過去や未来と結びつけることができるからである。

　相互作用を重視するヴィゴツキーは，相互作用のなかの**活動**（activity）を重視する。活動で相互作用にある枠組みができる。そしてその枠組みのなかで対話をとおしてアイデアが交換されて発話が生じる。彼によると，発話には3つの役割がある。それは他者に知識を伝える役割，問題を解決する道具としての役割，そして，自分自身を振り返る役割である。子どもは相互作用のなかで自分の考えをモニタし，課題を解決するのに，自分に向けた言葉を話す。この

ように発話の3種類の役割が子どものなかに内面化されたものを**プライベートスピーチ**と呼んだ。このプライベートスピーチは、人が自分の思考や活動を自己統制するのに役立っていると考えた。この点、ピアジェは認知の発達における言語の役割をヴィゴツキーほど重視していない。ピアジェはプライベートスピーチを、自己中心的な言語ととらえ、年齢とともに減少すると考えた。

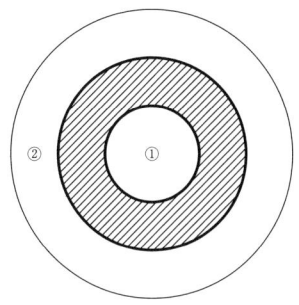

注）斜線部分が発達の最近接領域

図1-3 発達の最近接領域

ヴィゴツキーは子どもの能力を、①自力で達成できる部分、②大人（援助者）の援助なしには問題解決できない部分の二つのレベルに区別した。そして、この二つの領域の間を**発達の最近接領域**（Zone of Proximal Development: ZPD）とした（図1-3）。はじめは一人で解決できない問題も、援助者の指導や補助で解決しているうちに、やがて自分で解決できるようになる。このように子どもは、援助者との相互作用をとおして、言語や認識、記憶などの認知能力を発達させていると主張した。

子どもの発達を上記のようにとらえると、発達の最近接領域での援助者によるなんらかの足場が有効に働くといえる。援助者（保護者・教師・熟達者）の手助けや助言などはこの足場をなすものであり「**足場づくり（scaffolding）**」と呼ばれている。たし算が容易にできない子に指折り数えてみせたり、図示したり、位ごとに束ねたりするなど複雑な難題を解く前に指導者がいくつかのステップを用意・提示する。少し難しい課題を段階的に与える訓練は日常生活で自然に行われている。教師が手本を示すモデリング、考え方を声に出してから解く、手がかりを先に与えるなどは、教育的な足場となるといえるだろう。

ヴィゴツキーの理論に対しては、彼が若くしてなくなったので、自分の理論を十分に発展できていない可能性がある点、相互作用を重視しすぎているかもしれない点が批判としてあげられている。

［丸山(山本)・青木］

参考文献　L. E. バーク・A. ウインスラー著　田島信元・田島啓子・玉置哲淳編訳　2001『ヴィゴツキーの新・幼児教育法』北大路書房

問題 4　ブロンフェンブレンナーの人間発達の生態学について説明せよ

　ピアジェは，環境との相互作用は重視したものの，生物学者としての観点から，基本的に子どもを「文脈から切り離された」個体と考え，発達を発生学的にとらえた。そこでの発達は遺伝的に方向づけられ，大人の体格になる青年期で発達は終わってしまう。他方で，心の理論，社会化理論，ヴィゴツキーの理論など，社会・文化的な要因を重視する発達観では，最初は社会的存在とはいえない子どもが，偶然生まれ落ちた社会・世界のなかで文化・社会の影響を受けながら発達してゆくと考える。ここでは，社会，文化にまったくふれていない白紙の状態の子どもが，大人との相互作用をとおして発達してゆくことになる。しかしこの場合は，人の発達が事物・シンボルとの相互作用でなされる側面は説明しにくい。

　これに対し**ブロンフェンブレンナー**は，**人間発達の生態学**（human ecology）の観点から発達をとらえた。彼によると子どもが育つ環境は，親子の二者関係から経済，社会的な構造をもつ組織的な環境に移ってゆく。そしてその環境の移行は，子どもから大人へのライフコースとして現れる。このように，人は生まれ落ちたときから環境の影響を受けており，環境が人の発達に大きな道筋をつくると考えた。こうして彼は，**生態学的妥当性**の概念に環境的文脈を含めた。彼は人に及ぼす多様な環境を，同じ中心をもつ入れ子構造からなる一つのシステムをもつ生態系として考えようとする。このシステムはそれぞれ，発達に密接に関係していると説明している。

　マイクロシステム（Microsystem）　直接的な環境。たとえば家族，学校，仲間，ご近所など。ここでは社会的な交流が最もさかんに行われる。人はここで活動，役割，対人関係のパターンなどを学ぶことになる。

　メゾシステム（Mesosystem）　二つ以上の直接的な環境をつなぐシステム。子どもにとっては，家庭での経験が学校の経験につながるような，家庭と学校

と近所の遊び仲間との間にある関係である。たとえば、家庭で拒否された子どもは、学校で仲間や教師とポジティブな関係が築きにくいかもしれない、など。

エクソシステム（Exosystem） 母親の職業や仕事の状況、職場などが家庭での夫や子どもの関係に影響するといった、間接的に発達に影響を及ぼす外的な環境。一例として、母親が昇進して頻繁に家を空ける仕事になったら、夫や子どもとの関係は母親が毎日家にいる時とは違ったものになることなど。

マクロシステム（Macrosystem） 東洋文化 vs. 西洋文化、国家体制、国の景気などの大きな文化的な環境。これらには産業の発達や経済力、民族性も含まれる。たとえば、フランスとアメリカでは、家庭、保育園、学校、近隣、職場などの相互の関係はちがっている。

クロノシステム（Chronosystem） 離婚が生活環境に変化を起こすような、環境的な出来事のパターンとライフコースの変化。

従来の発達研究では、エクソシステムやマクロシステムの影響を分析の対象として考えてこなった。しかしたとえば、テレビやゲームでの暴力的な表現の影響が従来のマイクロシステムの研究で見られなかったとしても、エクソシステム、マクロシステムに影響を与えるなら、暴力が日常経験としてもち込まれているかもしれないのである。

子どもは絶えず変化し、子どもを取り巻く環境も絶えず変化しつづけている。子どもの変化は環境の変化と無関係ではないし、社会の変化も子どもの変化と密接に結びついている。このなかでブロンフェンブレンナーは、人を生活環境のなかに漸進的に入り込みながら、それを再編成し、成長してゆくダイナミックスな存在としてとらえられている。たとえば、親の離婚のマイナスの影響は、離婚後1年目に出るという。そして2年目には混乱は収まり、落ち着きを見せるという。これは人が環境を再編成して成長してゆく例であろう。このように彼は、現実社会で生活し、そのなかで発達してゆく人をとらえようとした。

［丸山（山本）・青木］

参考文献	U. ブロンフェンブレンナー　磯貝芳郎・福富護訳　1996『人間発達の生態学（*The Ecology of Human Development*）』川島書店

第2章　子どもの健康と安全

問題 5　脳の発達の一般的特徴について述べよ

脳の構造　脳は人間行動を司る神経系器官（以降，神経系）の一つである。神経系には，**中枢神経系**と**末梢神経系**に大別される。そのうち脳は，脊髄とともに，中枢神経系に属し，それは大きく，大脳と間脳（視床と視床下部），脳幹（中脳，橋，延髄），小脳に分類される。大脳は，前頭葉や頭頂葉，側頭葉などからなる**大脳（新）皮質**と，帯状回や海馬，扁桃核などからなる大脳辺縁系に分かれる。そのうち大脳皮質は，脳のなかで最もよく発達している部分だといわれている。系統発生的には，脳幹，大脳辺縁系，大脳皮質の順に新しく，新しい脳が古い脳を包み込むように形成されている。とくに発達した大脳皮質は，しわをつくることにより，機能的構造面積を確保している。

脳の機能　脳は生物として生存するための機能や社会のなかで生活していく際に必要とされるさまざまな機能を有している。そのうち基本的な生命活動を司るのが脳幹といわれている。たとえば，覚醒・睡眠，呼吸や循環器系の調整がそれにあたる。大脳辺縁系は怒りや快感情などの情動や，食欲や性欲などの本能行動などに関係しているようである。そして大脳皮質は，部位別に機能的専門分野が分かれており，細かな分業システムが構築されているようである。たとえば，左側方からみた脳の真ん中を上下に連なる溝（**中心溝**という）の右側（後頭側）には各身体部位の感覚情報を知覚，認識する**感覚野**があり，左側（前頭側）には各身体部位をコントロールする機能を司る**運動野**がある。そして，運動野の前頭側には，イメージしたり，思考したり，創造したり，判断したりする**前頭連合野**が存在する。このように脳は機能が局在化しているのである。ところで，その**前頭連合野**は，複数の感覚情報等を統合処理する側頭連合野や頭頂連合野，後頭連合野からの情報をもとに，複雑な行動計画を組み立て，その実行の判断を行う部分である。また運動野から各身体部位に伝達される情

報は，途中，脳幹や小脳が関与する場合がある。つまり脳は，機能が局在化しているとはいえ，実際は，脳のいろいろな部位が機能的に複雑に関連しているのである。それを可能にしているのが神経細胞同士の結合（**シナプス**）である。

脳の発達　さて成人の脳の重量は，平均して約 1300g から 1500g の間ぐらいといわれ，小学校低学年ごろには，ほぼその重量に近づく。出生時には平均して約 340g から 370g の間ぐらいであることから，成人脳は出生時の約 4 倍となる。その重量の増加は神経細胞の増加によるものではない。神経細胞自体は胎児期にすでに完成している。ほかの身体の細胞と違い，神経細胞は出生後に分裂して数を増すことはないのである。脳の重量増加の要因の一つは，脳組織の一つであるグリア細胞（神経細胞への栄養補給や修復，髄鞘形成）が増加することも関係するが，一つひとつの神経細胞が突起を伸ばし，ほかの神経細胞と連結することが，その主な要因である。突起には情報を受け取る**樹状突起**と情報を伝える**軸索**がある。軸索には情報の信号伝達を可能にするための鞘（髄鞘）に包まれるようになる（**髄鞘化**）。このような樹状突起の伸展や髄鞘化は，グリア細胞の増加とともに，出生後，急激に活性化する。その結果，シナプスは，約 1 歳半から 2 歳ごろをピークに，劇的に増加するといわれる。しかしその後，不要なシナプスを選択し削除していく**刈り込み**（pruning）という作業が行われ，必要なシナプスのみの結合が強化される。また神経細胞を取り巻くグリア細胞は，その後も増加し，神経細胞を保護したり，髄鞘化を進めていったりするのである。ところで，脳重量が知能と関係していると指摘されていた時代があった。確かにグリア細胞の増加や樹状突起の伸展，髄鞘化などによる脳重量の増加は，上記にあげた神経細胞同士の結合とその強化の発達的指標と考えることができる。しかし歴史的に著名な科学者や文学者のなかには，成人脳の平均重量より軽い人もいる。したがって，重たければよいということではない。そこに脳のさらなる可能性を感じるのである。　　　　　　　　　　［澤江］

| 参考文献 | 平山諭・保野孝弘　2003『脳科学からみた機能の発達　発達心理学の基礎と臨床』ミネルヴァ書房 |

問題 6 子どもの健康とそれに影響する要因について説明せよ

健康の概念　今日，さまざまなダイエット方法や健康食品，健康マシーンなどが注目されているように，わが国の健康に対する関心は高い。しかしどのような状態が健康な状態であろうか。健康に関する定義で世界的に知られているのは，WHO（世界保健機関）憲章の前文のなかにある「健康とは，身体的，精神的ならびに社会的に完全に良好な状態であり，単に病気や虚弱でないことに留まるものではない」といった文章である。ここでの健康概念は抽象的である。ただし，日常的な場面を想定すると，その概念の抽象性が理解できる。たとえば，体の健康づくりによいと続けたランニングも，その度を越えると，膝関節などの故障の原因になることがある。とくに児童期は，その発達段階によっては筋肉や骨格，神経などの発達状況がアンバランスで，そのために，トレーニングが過度な負荷となり本人の健康を損なう可能性がある。すなわち健康といわれるものは，状況いかんでは不健康な作用をもち，逆に不健康といわれるものも，状況によっては健康に作用することさえあるかもしれない。したがって，健康とは単にその身体的構造や機能が向上することや，病気や虚弱を伴っていないという個体内要因に閉じた概念ではなく，個人の有する身体的，精神的，社会的能力を，環境との相互作用のなかで適応的に発現していることであると考えられる。

今日の子どもの健康の状況　平成17年度国民健康・栄養調査結果（厚生労働省，2006）によると，子どもの体型の「普通」の割合は，男子57.0％で，女子は56.6％であった。しかしその割合は，年々減少し，「肥満」・「太り気味」および「やせすぎ」・「やせ気味」の割合が増加する傾向が強まっている。また平成18年度体力・運動能力調査報告書（文部科学省，2007）によれば，子どもの運動能力（「50メートル走」「ソフトボール投げ」）および体格（「身長」「体重」）は，20年前と現在を比較すると，体格は男女とも向上しているが運動能力は

低下しているのである。この背景には運動経験の少なさが考えられる。しかし調査結果によれば，学校体育以外で週3日以上のスポーツクラブ活動をしている子どもの数は，年々増加傾向にある。このことから，今日の子どもの体格や運動能力の特徴は，単に運動機会の頻度の問題だけでは説明できない。つまりその他の要因との関連を想定する必要がある。たとえばその一つとして，運動を活性化するために必要な栄養と休養が得られているかである。実際，子どもの**食習慣**では，個食・弧食や偏食などの食事の栄養バランスの問題が指摘されている。また今日の子どもの**生活スタイルの乱れ**，たとえば，夜型化や少ない睡眠時間などの問題も指摘されている。

　健康に影響する要因　つまり健康を保つためには，運動と**栄養**，**休養**などが，それぞれ独立的に機能するのではなく，それぞれが相互に関連しながら影響することである。たとえば，食事は運動の活性化には欠かせない。そして生活リズムの不規則や夜型生活スタイルの習慣化は，朝食時間の確保を保障させにくくし，食事摂取量の不十分さや栄養のアンバランスなどの誘因となる。さらに日中の活動において，エネルギー量を多く必要とするダイナミックな運動が減少すれば，その分，摂取・消費のエネルギーサイクルが弱まる。それは必要とされる栄養摂取量を得る機会を失い，活力ある行動のための体力だけでなく，病気に対する抵抗力にも影響するかもしれない。また日中の適当なエネルギー消費は，体に休息を必要とさせ，結果的に生活リズムの安定に影響する可能性がある。

　健康における児童期の運動の意味　すなわち健康を維持・増進していくためには，日中の活性化を伴った生活リズムを整えることが必要であり，そのためには，日常的な運動習慣が，その一つの要因として重要ではないかと考えられるのである。そして，児童期から日常的な運動習慣を身につけていくためには，運動スキルの向上を目的とした運動経験だけではなく，第一義的に，運動への肯定的感情を促すための運動経験が必要ではないかと考える。　　　［澤江］

| 参考文献 | 原田碩三・勝木洋子・高田由香理・伊藤佐陽子・佐々木昌代・長谷川憲一　2004『子ども健康学』みらい |

 問題7 子どもの身体と運動機能の発育・発達の一般的特徴について説明せよ

　身長・体重の発育的変化　子どもの身長は，出生時にはおおよそ50cmであるが1年で約30cm程度，急激に伸び，その後緩やかに増加し，3歳で約90cm，5歳で出生時の倍以上の約100cm以上となる。この発育パターンの傾向は体重でもみられる。出生時には約3kgであったものが，1年間で10kg近くまで増え，その後緩やかに増加し，5歳時点で，出生時の5倍まで増加する。このように身長や体重などの身体構造の発育は，出生後1年間に急激な変化をし，それから緩やかに増加し，その後，12歳から14歳ころから人生2度目の急激的増加がみられる。そして身長・体重が確実に増加していくなかで，次第に成人としての成熟体型へと変わっていく。その成人のプロポーションは平均的には8頭身といわれるが，生まれてから，そのプロポーションという訳ではない。出生時は4頭身，幼児期から児童期にかけては，5頭身から6頭身の体型に変わっていくのである。

　運動発達の方向性　生まれて間もない新生児期の子どもの動きのパターンの多くは，本児の意識に関係なく反応的に発現する**新生児反射**である。たとえば，掌に感覚刺激を入力すると不随的に握る動きが誘発される「把握反射」などがある。こうした反射の動きの多くは，脳の発達（大脳皮質の活性化）と適切な環境などにより消失する。その消失とともに，自分の身体を意識的に動かす動きが中心的になる。実際，頸がすわりはじめると，頭部の動きを制御できるようになり，自分の見たい方向に顔を向けることが可能になる。そして次第に体幹の尾部に向かって筋を制御しはじめ，寝返りや一人座り，つかまり立ち，歩行などの姿勢をコントロールするようになるのである。このように運動発達は「**頭部から尾部へ**」の方向性があるといわれている。そしてそれに加え，「**中心から周辺へ**」の方向性もあるといわれている。たとえば，子どもの描画の際の腕の動きをみると，なぐり描き初期は，腕（上腕と前腕）全体を使っていたの

が，次第に肘を固定した前腕や手首を操作したり，手首を固定して手掌を操作したりするようになる。児童期になると，その多くの子どもは，腕と連動しながら指先の細かい動きを使ってものを描くようになるのである。

　運動スキルの発達　おおよそ2歳ごろまでに，立つ，歩く，掴むなど，今後の運動発達の基礎となる動きのパターンを獲得する。そして6歳ごろまでに，その**基礎的運動スキル**をもとに，日常生活で用いられる動きのパターン（**基本的運動スキル**）のほとんどを獲得する。そして児童期になると，その基本的運動スキルをさまざまな場面で活用していくようになる。たとえば，日常生活の活動や学業，作業などで活用することや，その動きの質を高め，各種スポーツなどの活動へと広がりをみせていくのである。したがって，児童期までに基礎的・基本的運動スキルの幅を広げていくことが，その後の生活適応の幅の広がりにつながるのではないかと考えられる。

　身体や運動機能の発育・発達特徴　ところで，スキャモン（Scammon, R. E.）は，20歳を100％とした年齢ごとの発育量を算出したヒトの発育パターンを4つの型に分けて説明した（橋口，1992）。すなわち上述した身長・体重に加え，骨格，筋肉などの発育パターンを**一般型**とし，脳などの神経系器官の発育パターンを**神経型**とした。そしてそれらに加え，リンパ腺や分泌腺などの12歳ぐらいまでに発育が著しく成人の2倍近くになり，その後減少する山型の発育パターンを示す**リンパ型**と，生殖に関係する器官のように思春期に急激に加速して発育するパターンを示す**生殖型**である。このように人間の身体や運動機能は，一様に発育・発達するわけではないのである。したがって，発達段階における発育・発達状況を把握したうえで，それに適した運動内容を与えることが望ましい。

［澤江］

参考文献	
橋口英俊　1992『身体と運動機能の発達』金子書房
澤江幸則　2007「運動」本郷一夫編『発達心理学　保育・教育に活かす子どもの理解』建帛社

問題 8 運動スキルの個人差をもたらす心理的要因について説明せよ

運動スキルの個人差　そもそも運動スキルは，基本的には，反復的練習回数によって向上する。しかし子どものなかには同じような学習条件であっても高い運動パフォーマンスを示すものとそうでないものがいる。どうして，そのような個人差が生じるのであろうか。ところで，運動スキルの個人差には二つの意味がある。一つは個人間による違いである（**個人間差**）。たとえば，小学校1年の男子の50m走の平均は約11秒であるが（文部科学省，2007），9秒台以下で走る子どももいれば，13秒以上かけて走る子どももいる。もう一つは，個人内に閉じた運動スキルの違いである（**個人内差**）。たとえば，走ることが得意でも投げるのは得意でない子どものことである。

遺伝要因と環境要因　そのような個人差は，何によって規定されるのであろうか。これまでの先行研究より，大きく二つに分けることができる。一つは遺伝要因である。たとえば，生物学的性差や体重・身長の体格，親の身長・体重などの関連が報告されている。もう一つは環境要因である。たとえば，都市部・非都市部といった地理的要因や室外の遊び時間，遊び場所，運動開始時期，家庭の経済状況，家族構成などである。しかしそれらは一貫した結論を得られたものばかりではなく，こうした条件をそろえれば，どの子どもでも運動能力が高まるとは限らない。すなわち発達の原則である**遺伝と環境の相互作用**によって，その運動スキルの個人差が規定されると考えるべきである。

運動発達刺激に対する感受性　遺伝と環境の相互作用を規定するものの一つとして感受性がある。すなわち同じ遺伝因子で構成される身体構造で同じ運動発達刺激が用意されていたとしても，それに対する感受性に違いがあれば結果は異なる。その感受性は，運動に対する関心度合・嗜好性・価値意識などの心理的要因によって規定される。つまり「好きこそもののじょうずなれ」の言葉があるように運動に対する肯定的イメージが高いほど，運動してみようとする

態度を形成し，結果的に自発的運動の反復回数が増加するかもしれない。

　肯定的な運動経験　その運動の感受性は，**肯定的な運動経験**の影響が寄与する部分も大きい。幼児期・児童期をとおして運動することの楽しさを認識している子どもであるほど，生涯を通じて運動活動に親しむ傾向がある。いっぽうで，運動に対する肯定的な経験が少ないと運動活動参加に消極的になる傾向がある。それは結果的に感受性を下げ，運動の自発的反復回数を停滞させる。

　人的環境　親の運動に対する志向性や，家族や近隣の交流のある他児などの運動活動状況などが，運動の感受性に影響する可能性がある。とくに児童期は，親和感情を示す友だちが外で遊ぶのが好きであったりすると，結果的に運動する機会が増えることがある。また友だちとの関係性のうち，ライバル関係にある友だちが行っている運動をみて，それを繰り返し練習する子どもの姿がみられることがある。これらは内発的というよりは，むしろ外発的動機づけである。つまり運動に関心をもつのは，その個人が内発的に好意的に運動するからだけでなく，多分に周囲の人的要因との関係性が心理的に影響していると思われる。

　運動評価要因　表現された運動パフォーマンス結果は，周囲からの評価を，即時的または相対的に自己に帰する傾向がある。たとえば，「ボールを目的のところに当てる」といった課題に対して，周囲の子どもと比較して，非常に少ない試行回数で成功した場合，その結果に対する周囲からの賞賛は即時的な強化子となる場合がある。加えて児童期であれば，まだ達成されていない他児との比較のなかで，相対的に**自己有能感**を感じることもあるだろう。それらの**成功経験・自己肯定感**が運動活動への参加動機を高めることになる。いっぽうで，失敗の繰り返しや否定的なフィードバックしか与えられないと，運動に対する否定感情が高まり，感受性が喚起しにくくなる。したがって，子どもの運動への意欲なども評価し，必要に応じて課題のスモールステップや教材・教具の工夫，失敗に対する肯定的な意味づけを与えることが必要となる。　　［澤江］

参考 文献	岩崎洋子　1999『子どもの身体活動と心の育ち』建帛社 厚生労働省　2003「児童福祉施設等が設置する遊具で発生した事故調べ」

子どもの発達的特徴をふまえたうえで事故リスクと安全について説明せよ

　児童期の子どもの特徴と事故リスク　この時期の子どもの身体的特徴には，以下の三つがあげられる。(1) 身体プロポーションが成人に比べ頭部の比率が大きい。また6歳ごろの子どもの脳重量は，成人の約95%近くになる。したがって，この時期の子どもは，身体の割に頭が大きく重心が高い位置にある。そのため転びやすいのである。しゃがんだ姿勢で川のほとりで水辺に手を伸ばすだけで，重心が前に大きく移動し前方に倒れ込むことは想定しやすい。そして(2) スキャモンの発育曲線でわかるように，10歳までの時期は，筋肉増加や骨形成よりも，神経系の発達が急激に発育する特徴がある。具体的には，目と手の協応性や敏捷性，バランス運動，総じて動作の獲得などにとって適正期であると考えることができる。いっぽうで，この時期に過度な筋力アップのためのトレーニングを行うことは，筋肉や骨を傷める可能性が高い。(3) この時期の子どもには，注意が一定のものに固定されると周囲に注意が向きにくかったり，感情が高まると行動制御が困難になることがみられたりする特徴がある。さらに危険に対する知識や対処経験が年齢的に少ないため，無警戒に危険な行動を起こす場合がある。したがってこの時期は，大人が発達段階におけるリスクを熟慮し，子どもの行動マネージメント（禁止，知識喚起，対処学習など）が必要とされる場合がある。

　子どもの事故の実態　ところで，わが国の人口動態統計（厚生労働省，2005）によれば，5歳から9歳の子どもの死亡原因の第1位は「不慮の事故」で死亡人数の3分の1を占めているのである。その事故内容をさらにみてみると，最も多いのが「交通事故」で全体の約半数を占めている。そしてついで「水の事故」で全体の約4分の1を占めている。この結果は，この時期の子どもの発達的特徴を反映している。たとえば，注意が部分に固定しまわりが見えなくなる傾向が，交通事故につながる可能性を高めているかもしれない。また水の事故

の多さは，先にふれた子どもの身体的形態特性が影響しているかもしれない。こうしたことから，この時期の発達的特徴から考えられる事故リスクを理解し，子どもの行動予測をしたうえで**運動発達環境**を用意しておくべきである。たとえば，教育機関における事故の発生場所としては，（通学などの交通事故以外で）遊具や体育器具が置いてある場所が比較的多い。実際，遊具に関連する事故のニュースはあとを絶たない。遊具の事故の実態をはじめて明らかにした児童福祉施設における平成13年の調査結果によれば，5年間の遊具に関係する事故件数は2613件もあった。とくに多かった事故原因は遊具からの転落や落下で全体の半分以上（56.6％）を占めていた（厚生労働省，2003）。

　子どもの事故対策と安全教育　しかし遊具は，子どもの運動発達環境にとって重要なアイテムの一つである。したがって，事故の原因だからといって安易に撤去することを考えるのではなく，その危険度をかんがみ，その危険水準に応じた対策を検討したい。すなわち，実際に使用される遊具をあらかじめ確認し，子どもがどのように使用する可能性があるか，どのような危険が想定されるかについての情報を集め，**発達的観点**から検討する必要がある。実際，いくら大人が指導しても子どもは，その運動欲求の発達から，想定外の遊具の使用の仕方をするものである。したがって，その発達状況に応じて年齢や遊具の一部の使用を制限，または転倒した際の対策として遊具の下にクッションを設置するなどの対応を考えていきたい。そのことは結果的にモノとの関係のなかで，安全な体の使い方や身のこなしを学ぶ機会を与えることになるかもしれない。もちろん子どもの事故などに関する情報収集を行い，明らかに安全性が疑われる遊具に関しては撤去すべきである。私たち大人が子どもの安全に関する意識と情報をしっかりもつことが，子どもの事故を防ぐと同時に，子どもに安全な体の使い方を経験させる機会になると考える。　　　　　　　　　　［澤江］

| 参考文献 | 宮下充正　2007『子どもに「体力」をとりもどそう：まずはからだづくりだ！』杏林書院 |

第3章　知的能力，認知機能の発達

問題 10　知能に関する考え方についてまとめよ

知能の定義　知能の定義は，それぞれの心理学者の知能観によって，大きく三つに分けられる。① 知能とは，情報や知識を効率的に習得する能力である，② 知能とは，概念や記号を用いて情報を処理する，抽象的思考能力である，③ 知能とは，新しい環境に対して柔軟に合理的に適応する能力である。これらの定義は，どれも知能の重要な側面と考えられ，それぞれ独立したものでなく重複していると考えられる。こうしたなかで，一般的に受け入れられているのが，包括的な**ウェクスラー**の定義である。ウェクスラーは，「知能とは，各個人が目的に合うように行動し，合理的に考え，環境を効果的に処理する総合的な能力である」と定義している。現在では，これまでよりも広い視野で知能をとらえようとするガードナーの多重知能の理論なども登場している。ガードナーは，知能をこれまでのように「情報を処理して適応する能力」としてだけでなく，「成果を創造する能力」ととらえている。

このように，知能の定義は多様であり，知能をどう定義するかは，それぞれの心理学者が考える知能の構造の問題とおおいにかかわっている。

知能の構造　統計的処理の手法の発達に伴い，知能がどういった構造をなしているか検討されるようになった。**スピアマン**は知能に関係すると考えられる検査を実施し，すべての検査に共通する因子と，各検査の特殊性に応じた固有の因子があることを明らかにした。前者を一般因子（g因子），後者を固有の特殊因子（s因子）と呼び，この二因子により知能は構成されるとする二因子説を提唱した。これに対し**サーストン**は，一般的知能因子の存在を否定し，知能はそれぞれ独立した7つの因子からなるという多因子説を提唱した。言語理解力，語の流暢さ，数能力，空間能力，記憶，帰納的推理，知覚速度である。また，**キャッテル**は，サーストンの多因子説に賛同しつつも，複数の因子が階層

的に知能に寄与する階層群因子モデルを提唱した。最上位には，すべての知的作業に共通する一般因子（g）があり，その下位に流動性知能と結晶性知能があると考えた。流動性知能とは，記憶，推理，数計算，図形処理など，新しい問題に対して探索的に解決する能力である。いっぽう，結晶性知能とは，過去の経験や習得している知識で問題に対処する能力である。

　近年では，知能を精神測定学の視点からだけでなく，知能の多様性を広くとらえた理論が登場している。**スタンバーグ**は，知能の鼎立理論という新しい知能理論をうちたてた。この理論では，コンポーネント理論，経験理論，文脈理論といった三つの下位理論により階層的に知能理論を支えていると考えられている。まず，**コンポーネント理論**には，先ほどあげた流動性知能と結晶性知能が含まれる。問題に直面したとき，どのように問題を解決すべきか自己の思考をチェックする，知的活動を支える分析的知能が対応すると考えている。**経験理論**は，自動的に情報を処理し，新しい状況や課題に注意を向け対処する能力といった創造的知能が対応すると考えられる。**文脈理論**は，さまざまな種類の文脈のなかで実際にどう行動するかという実際的知能が対応すると考えられる。

　最後に，**ガードナー**の多重知能の理論をあげる。ガードナーは，言語的知能，論理数学的知能，音楽的知能，身体運動的知能，空間的知能，対人的知能，内省的知能の７つの独立した知能が存在すると提唱した。ガードナーの理論は，これまで知能としてみなされなかった，音楽的知能，身体運動的知能，人間関係においてみられる対人的知能などを知能として取り上げたことに特徴がある。

　以上のように，知的知能は現在では知能を学業的な知的側面のみならず，もっと広い意味での能力としてとらえられている。とくに，芸術的側面や対人的側面が含まれるようになっており，現在の学校教育でめざされる「生きる力」に通じるものと考えられる。改めて，子どもたちがさまざまな能力をバランスよく身につけていけるよう，大人は配慮する必要があるだろう。　　　　［森］

| 参考文献 | ハワード・ガードナー　松村暢隆訳　2001『MI：個性を生かす多重知能の理論』新曜社 |

問題 11　個人差としての創造性と認知スタイルについてまとめよ

　心理学における個人差とは，検査などによって測定され，どのカテゴリーに属するか，どういった行動をとるかなどその特性の違いをいう。ここでは，個人差として創造性と認知スタイルについて取り上げる。

　創造性　創造性とは，「課題の解決に際して，独創的な解法を支える認知活動である。課題に含まれる関係性を発見したり，新たな考えを生み出したりする，定型的な思考法にとらわれない能力」と定義されている。問題解決にかかわる知的能力と考えられるが，知能とは異なる能力だと考えられる。とくに，創造性は拡散的思考と関係が深いとされている。

　拡散的思考と収束的思考　拡散的思考とは，与えられた問題に対して多くの考えを生み出す思考のことであり，必ずしも論理的ではなく広げて探る思考である。よって，独創的で新しい考えを生み出す創造性には，この拡散的思考が中核をなすと考えられる。**収束的思考**とは，与えられた問題に対して，系統的，論理的に正解を導き出そうとする際に働く思考である。多くの知能検査の問題を解く際に必要とされるため，知能と関係がある。

　収束的思考は，拡散的思考と対照をなしているととらえられる。しかし，実際は拡散的思考で生み出された考えをまとめるには，収束的思考が必要となってくる。たとえば，ある会社の商品開発には，まず拡散的思考でさまざまなアイデアをだし，そのアイデアを実現可能な商品にするために収束的思考でまとめていくという方法をとっている。

　創造性を育成する教育　トーランスによると創造性とは知能のように一様には発達しない。また，創造性は突如として現れるものではなく，幼児期から創造性や感受性，コミュニケーションの能力を伸ばすことで創造性を発達させることになると主張している。また，小学校3年生から4年生にかけて創造性が低下することも明らかにされている。この時期に子どもの創造性は，仲間意識

の芽生えから生じる圧力と，創造的な行動をしようとする際につきまとう不安に，阻害されるといわれている。大人は適切に阻害するものを除去し，また子どもの発想を大切にし，創造性を育成する必要があるだろう。

認知スタイル　認知スタイルとは，どのように情報を処理し判断するのか，その方法における個人差をさす。すなわち，与えられた情報のどういった側面に注目するのか，またどういった解決方法を用いやすいのかといった個人差を扱うものである。認知スタイルを捉える概念には，**場依存型−場独立型**や，**熟慮型−衝動型**がある。

場依存型−場独立型とは，ウィトキンによって提唱された認知スタイルである。この認知スタイルは次の実験によって示された。暗室の中で傾いた枠（1辺15cm）の中に，被験者が垂直と思うところに棒（長さ15cm）を置くように伝える。そして，その棒が実際の垂直からどのくらいずれているかを測定した。この垂直知覚課題に対して，枠に影響されやすい人を場依存型，影響されにくい人を場独立型と判定した。

熟慮型−衝動型とは，ケイガンらによって提唱された。熟慮型の人は，どれが正解か紛らわしい問題に対し，反応は遅いが正確に答える。いっぽう，衝動型は，反応は早いが不正解が多い。発達的研究において，児童を被験者にしたところ，年齢が上がるにしたがい認知スタイルは衝動型から熟慮型へ移行し，そのうち答えを導き出すのが速く正確になっていくことが示されている。

認知スタイルと教育　場依存型は，周囲の人に対する依存度が高いことが指摘されている。しかし，人に対して興味をもちやすく，感受性は場独立型と比べて優れているといわれている。いっぽうで，場独立型はものに対して興味をもちやすい。また，熟慮型−衝動型に関しても，細かい点に注意し問題を処理する場合は熟慮型，情報の全体像をとおして問題を処理する場合は衝動型が有効な場合がある。それぞれの認知スタイルに対してどちらがよいかというのではなく，その個人差に応じた学習の仕方が重要である。　　　　［森］

| 参考文献 | 前田基成・東条光彦編　1997『読んでわかる教育心理学』紫峰図書 |

問題12 児童期の記憶の発達について述べよ

記憶の発達　記憶は，感覚記憶から**短期記憶**へ，さらには**長期記憶**へと情報が転送されていく過程である。それぞれの過程に記憶可能な情報量の限界（**記憶容量**）は加齢とともに増加していくが，感覚記憶は幼児期（5歳ごろ），短期記憶は児童期の後期（12歳ごろ）には，ほぼ成人と同水準に達する。長期記憶には容量の制限はないため，時間の経過に伴い記憶内容は増大しつづける。記憶力の発達は，このような記憶容量の変化に加え，記憶を維持するための**記憶方略**や記憶に関する知識である**メタ記憶**の変化という観点からもとらえられている。

記憶方略　記憶容量の発達は，脳機能の成熟のようななんらかの生物学的な要因によって規定される。この量的な限界を超えて記憶を機能させるには，記憶方略の使用が重要になる。最も利用される記憶方略は，短期記憶に入力された情報を繰り返し意識化する**リハーサル方略**である。かけ算の九九を何度も復唱したり，漢字を繰り返し書くなどの行為が，これに相当する。リハーサル方略の使用は3歳ごろから確認され，加齢とともに増えていくが，児童期の間に自発的に使用する方略に質的な変化が生じる。オーンスタインらは，順次提示される項目を記憶する課題において，8歳児は，新たに提示された項目のみを復唱するのに対し（「机，机，机…」），13歳児は，それまでに提示された項目も併せて復唱するという方略（「机，庭，ネコ，机…」）を使用することを報告している（Ornstein et al., 1975）。いっぽう，関連する情報同士を一つのグループにまとめて記憶する方法を**体制化方略**という。記憶項目が「サル，リンゴ，ネコ，バナナ…」だった場合に，項目を動物と果物のカテゴリーに分類して憶えるという方法である。体制化によって，記憶項目は，カテゴリー概念に関する長期記憶と関連づけられるが，検索する際には，そのカテゴリーの知識が手がかりとなって項目の想起を容易にする。シュナイダーは，7歳児はまだ体制

化方略を使うことは少ないが，10歳になると，方略の有効性を明確に認識したうえで，意図的に使用するようになることを報告している（Schneider, 1986）。

メタ記憶　記憶方略の使用や選択には，記憶に関するメタ認知であるメタ記憶の発達が影響している。メタ記憶には，記憶の性質に関する知識や自己の記憶活動に対するモニタリングや制御が含まれる。たとえば，「一度読んだだけでなんの努力も行わなければ，人は数十秒のうちにその内容を忘れてしまう」といった記憶の一般的傾向に関する知識や，「リハーサル方略は忘却を防ぐ手段として有効である」といった記憶方略の機能に関する知識があることで，リハーサル方略による記憶活動の制御が実行される。このようなメタ記憶は，児童期の間に顕著な発達を遂げる。記憶課題の難易度の予測や有効な記憶方略の判断，自己の記憶力や記憶内容に対する正確な評価など，さまざまな側面において児童期のメタ記憶の発達が確認されている。

展望的記憶　メタ記憶は，日常的な文脈で機能する記憶（**日常記憶**）に対しても影響を与えている。児童期になると日常生活の中心は，学校という社会的な場面に移行する。そこでは，「友だちとの約束を守る」，「分度器を忘れずに持って行く」など，未来に行う行為に関する記憶（**展望的記憶**）を確実に実行することが，仲間や教師との対人関係を円滑にし，学校生活に適応することを可能にする。そのためには，自己の記憶力の限界を認めたうえで，リハーサルを増やすなどの憶え方の制御，手帳にメモをしたり他者に教えてもらうなどの**外部記憶補助**の利用，必要なときにタイミングよく想い出せるような想起手がかりの準備などの工夫が不可欠であろう。そこでは，自己の記憶や記憶方略，外部記憶補助や想起手がかりの有効性に対するメタ記憶的知識が重要な役割を果たしている。　　　　　　　　　　　　　　　　　　　　　　　　　［藤田］

| 参考文献 | 太田信夫・多鹿秀継　2008『記憶の生涯発達心理学』北大路書房
U. ゴスワミ　岩男卓実他訳　2003『子どもの認知発達』新曜社 |

問題13 情報処理理論の観点から児童期の認知発達について述べよ

情報処理理論から見た認知発達　認知心理学における**情報処理理論**とは，人間の記憶や思考などの心の仕組みや働きを，コンピュータのシステムに置き換えて説明するものである。ここでは思考は，外部から入力された情報を，すでに記憶している情報を利用しながら，一定のプログラムに沿って処理していく過程であるとみなす。情報処理理論では，同時に処理可能な情報量（**作業記憶容量**），長期的に保持し必要なときに利用可能な情報の量（長期記憶内の知識量），情報処理の速度や正確性，流暢性（処理スキルの熟達水準）などの側面から，人間の認知的な能力の特徴を把握しようとする。認知発達に関しても，作業記憶容量や知識量の増加の程度，処理の速さや正確さの程度などの情報処理能力を測度として，発達水準の評価や発達的変化の記述を試みている。

　ピアジェの認知発達理論をベースとしながら，情報処理理論の観点を加えて，子どもの認知発達の過程を再考した研究の流れを**新ピアジェ派**と呼ぶ。認知が環境とのかかわりをとおして段階的に発達していくと考える点では，ピアジェと同様の立場に立つが，ピアジェが発達するのは行為や思考を行うときの論理構造（シェマ）であると説明したのに対し，新ピアジェ派は，認知発達は時間経過に伴う情報処理能力の変化によって生じると主張した。とくに，生物学的な原因によって増大していく注意の範囲や作業記憶の容量が，認知発達を制約する主な要因と位置づけた。また，個人差については，記憶容量の差異ではなく，経験や練習によって変容する作業記憶の利用の仕方の違いによって生じると説明している（Case, 1992）。

　ルール評価アプローチ　新ピアジェ派を代表する研究に，シーグラーによるルール評価アプローチがある（Siegler, 1976）。たとえば，図3-1のような天秤課題では，重りを載せた天秤の動きを，子どもがどのようなルールを利用して予想しているかを推定する。最も低水準のルールⅠでは，重りの数の次元にの

み注目し,支点からの距離に関係なく,重りが多いほうに傾くと予想する。ルールⅡでは,重りの数が左右で同じときにだけ,支点からの距離が遠いほうに傾くと予想する。ルールⅢでは,重りと距離の二つの次元を同時に考慮するが,

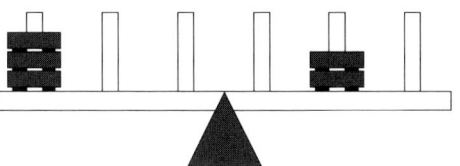

天秤は右に傾くか,左に傾くか,それとも釣り合うか

図3-1　天秤課題

両方とも左右で異なるときには,経験に基づく推測を行う(一貫性のある予想はできない)。最も高水準のルールⅣでは,重りの数と支点からの距離の積が大きいほうに傾くと予想する。実験の結果,幼児期はルールⅠの段階にあるが,児童期にはルールⅡやⅢへの移行が観察された。このようなルールの変化は,同時に処理可能な次元の数(情報量)が,児童期に増加していることを反映している。

　さらにシーグラーが行った研究では,ルールⅠを使っている(重りの数しか注目しない)幼児(5歳)と児童(8歳)が,天秤の動きを予測したあとに実際にその動きを観察し,予測の正否を確かめるという訓練に参加した。重りと距離が共に左右で異なる問題で訓練を受けた児童は,判断材料として距離の次元にも自ら注目し,結果的にルールⅢを利用できるようになった。いっぽう,幼児の場合は,「二つめのペグに重りが二つある」などと言語化させることで,どの次元に注目しなければいけないのか,また,そこで注目したことをどのように符号化すればよいのかを明確に教えない限りルールⅢの利用は生じなかった。このことより,児童期の認知の特徴として,処理可能な情報量が増加するだけでなく,処理すべき情報の選択や,処理可能な形式に情報を符号化する能力も同時に発達していることが推測できる。　　　　　　　　　　　　　［藤田］

| 参考文献 | 中島義明　2006『情報処理心理学―情報と人間の関わりの認知心理学』サイエンス社
R. S. シーグラー　無藤隆・日笠摩子訳　1992『子どもの思考』誠信書房 |

問題 14　子どものメタ認知とその役割について述べよ

メタ認知とは　目標の達成をめざして行動しているとき，自分自身の認知過程に対して，その状態を意識化したり，自ら働きかけたりすることを総称して「**メタ認知**」という。たとえば，問題を解いている際に，「焦ってまちがった解き方をしていないか」と自分に問いかけ，「この解き方を続けるより別の方法を試した方がよい」などと行動を自ら修正する場合などである。このように，自己の認知過程がいかなる状態であるのかを監視し，課題目標と行為の結果のずれを評価する**自己モニタリング**や，自己の行為を制御・調整する**自己コントロール**の役割を担うものがメタ認知的活動である。また，「この問題は難しそうだ」「この問いの答えは知っている気がする」のように，認知活動に伴って生起する感覚や焦燥・驚きの感情などの**メタ認知的経験**もメタ認知活動に含まれる。

これらのメタ認知的活動は，認知過程やその機能に関する知識である**メタ認知的知識**に支えられている。メタ認知的知識には，人間一般に共通する認知的な傾向（「短時間で記憶できる量には限界がある」）や自分や他者の認知面における特性（「私は聞き取りは苦手」，「彼は誰よりも計算が速い」），課題の特性が認知に与える影響（「画数が多い漢字は憶えにくい」）や解決方略の使用（「急いで解くほどまちがいは増えやすくなる」）に関する知識がある。

```
           ┌ メタ認知的知識
           │                      ┌ 個人内変数
           │   人変数に関する知識 ┤ 個人間変数
メタ認知 ┤                      └ 一般的な人変数
           │   課題変数に関する知識
           │   方略変数に関する知識
           │
           └ メタ認知的活動（経験）
               メタ認知的モニタリング
               メタ認知的コントロール
```

図 3-2　メタ認知概念の内容（三宮, 1996）

学習活動とメタ認知　メタ認知能力の発達は，効率的な課題解決や学習を可能にする。とくに，適切な**問題解決方略**や**学習方略**を選択する際に，メタ認知の機能が重要な意味をもつ。た

とえば，テスト場面においては，「時間に余裕がないので，できる問題から確実に解こう」といった判断がパフォーマンスを左右することがある。ここでは，現在取り組んでいる課題に関連してもっている知識やスキルを正確に評価し，問題の解決過程に影響する制約（与えられた解答時間の長さや下書き用紙の有無などの種々の条件）をふまえたうえで，最適な方略を選択できることが重要となる。児童期になると，種々のテストや課題学習場面を体験するようになり，そこで繰り返すメタ認知的活動の経験を通して，自己の能力を最大限発揮できるような**テストスキル**や**学習スキル**が獲得されていくと考えられる。

　ところで，メタ認知は，問題解決時の自らの行為と結果の関係への注目を高めることで，いかなる行為が成功や失敗の原因となったかに関する認識（**原因帰属認知**）も促進している。このことが自らの能力に対する自己評価となり，問題解決や学習に対する**自己効力感**や**達成動機**の形成にも影響する。

　社会性とメタ認知　児童期には，学校における集団生活の時間が多くを占めるようになる。この学校という社会に適応するためには，集団のなかで求められている役割や習慣・文脈にあった行為を自らが遂行できているかをモニタリングし，自己中心的な行動や場違いな言動を抑制するといった自己コントロールを行わなければならない。このように**社会性**を獲得する過程においても，メタ認知能力は重要な役割を果たしている。

　自閉症やADHDなど，種々の発達障害を有する子どもに，社会性の発達の遅れや対人関係上の問題行動が指摘されることは多い。近年では，メタ認知がうまく機能しないことが，学習面の問題に加え，これらの社会性に関わる問題も顕在化させているのではないかと考えられるようになった。メタ認知能力の不全という観点から障害の本質を理解し，メタ認知を訓練・教育していく手段も試みられている。　　　　　　　　　　　　　　　　　　　　　　　　［藤田］

| 参考文献 | A. オリヴェリオ　川本英明訳　2005『メタ認知的アプローチによる学ぶ技術』創元社 |

問題 15 他者との相互作用が子どもの問題解決の熟達に及ぼす影響について述べよ

問題解決の研究　なんらかの達成すべき目標があり，直接その目標に達することができない場合に，目標達成の手段や方略を発見・立案し，実行した結果を評価しながら目標とする状態に近づいていくことを**問題解決**という。認知心理学では，ハノイの塔問題や4枚カード問題のように，構造が明確で答えが一つの解に収束していくような問題から，新たなアイデアを生み出す場面のように構造が不明瞭で拡散的に答えを創造していく問題まで，幅広い課題場面を対象として，問題解決の心理を研究している。

　このような問題解決の熟達に関するアプローチの一つは，問題解決を個人で行う活動ととらえ，個々の子どもは，どのような問題状況で，いかに解決方略を発見・学習していくのかに焦点をあてるものである。もう一つには，問題解決を社会的な営みととらえ，大人や仲間という他者の介在が問題解決の熟達にどう影響しているのかを探るという観点が加わる。現代の多くの学校現場においては，話し合い活動を主とする授業や教え合い学び合う協同学習の形態が積極的に取り入れられている。このことをふまえれば，仲間との相互作用のなかでいかに問題解決が熟達していくのかを明らかにすることは，今後さらに重要な研究課題になっていくと思われる。

情報源としての他者　他者の存在が問題解決を促進する理由の一つは，子ども自身に不足している情報を補充する働きにある。協同による問題解決場面では，知識や解法に関する情報が，自分より熟達した仲間から，直接的に指示・伝達されたり，あるいはモデルとして間接的に提示されたりする。ここでは，もともと他者のなかにあった知識が協同の場に提供され，目標達成のためにその知識を共有し，自己の知識として内面化していく心理過程が働いている。

援助探索行動　情報源としての他者の存在を自己の問題解決に積極的に活用するスキルとして，問題解決がうまく進まない際に，仲間に助けを求めるとい

う**援助探索行動**がある。ネルソン・ルガールによれば，援助探索行動は，① 援助の必要性の認識，② 援助を求めようという決断，③ 援助を提示してくれそうな人の識別，④ 援助を引き出す方略の使用，⑤ 援助を求める努力の5つの要素で成り立っている（Nelson-Le Gall, 1985 など）。この援助探索行動を効果的に遂行するためには，自己の問題解決過程に対するモニタリングや他者の知識や能力を正確に評定するためのメタ認知的知識が不可欠である。

葛藤をつくり出す存在としての他者　能力的に自分と同程度以下の水準にあり，情報源としての役割は果たさない他者とのかかわりであっても，問題解決の熟達を導く重要な要因となる場合がある。問題解決に協同で取り組む相手との間に，知識や信念の相違や対立が起きると，個人のなかにもなんらかの**認知的葛藤**が生じる。その葛藤を解消するために，それまでの自分のやり方に対する見直しや問題に対する新たな見方の獲得が動機づけられるのである。自分とは異なる意見にふれることは（たとえそれが間違った意見であっても），メタ認知的な視点やさらなる知的好奇心を生み出したり，相手に説明や説得を行うことをとおして，問題に対する理解を深める契機となっていくのである。

自己制御の促進　他者の存在は，新たな情報や対立する意見を提示するだけでなく，問題解決行為に対する**自己制御**を促す役割も果たしている。協同的な問題解決場面では，相手との間で目標を共有したり，解決方針について合意を得たうえで問題解決に取り組むことが求められる。単独で解決する場合のように，思いのままに場当たり的な試行錯誤を繰り返すような行為は抑制される。そのため，目標の明確化やプランニングを十分に行ったうえで，実際の解決行為を開始したり，解決中の注意の持続や方向づけ，動機づけを維持する努力など，種々の自己制御的な行動が促進されることになる。　　　　　［藤田］

参考文献　A. F. ガートン　丸野俊一・加藤和生監訳　2008『認知発達を探る―問題解決者としての子ども』北大路書房

問題 16　効果的な学習の転移にはどのような教育上の工夫が必要か

　学習の転移　ある特定の課題や状況において学習した知識やスキルを，別の新たな課題に応用することを学習の転移という。たとえば，算数の授業で学んだことを，理科の問題を解く場面で利用したり，日常生活のなかで活用できた場合などに転移が成立したという。先に学習したことがあとの学習や課題解決を促進する場合は「**正の転移**」，逆に妨害する場合を「**負の転移**」という。正の転移が生じることで学習は効率的になる。人が新しい環境や未知の課題場面に対して柔軟に適応していく際にも，この転移が重要な役割を果たしている。

　ただし，この学習の転移は容易に成立するわけではない。知識やスキルは，それを学習した状況から独立した一般的なものとしてではなく，その知識を利用する具体的な目的や文脈と密接に結びついた状態で獲得されることが多い。このような知識の**領域固有性**といわれる性質により，たとえば，お金を計算するという状況でかけ算を学ぶと，人数を数えるという異なる目的では，そのかけ算の知識を利用できないという事態が生じるのである。暗記学習を繰り返し，知識を記憶に定着させるだけでは転移は生じ難く，結果的に使えない知識を蓄積するにとどまってしまう。学校教育では，いかにして，子どもにさまざまな状況で使える知識を獲得させ，応用力を育てる教授手段を実現できるかが重要な課題となっている。

　学習の転移を促進する要因　転移を促進するには，まず基本的なこととして，単なる暗記ではなく，理解に基づいた確かな知識を形成することが不可欠である。かけ算の学習であれば，九九を正確に速く唱えることだけを練習するのではなく，「かける数やかけられる数の増減に伴って積はどう変化するか」「積が一定のときに，かける数が変わるとかけられる数はどうなるのか」など，かけ算の仕組みや性質を十分に理解することである。このような理解の形成を重視することで，子どもは，学習した知識が，どのような問題や文脈で利用可能な

のかを正確に判断できるようになる。

　一般に，転移が成立するためには，先に知識を学習したときの状況と，新たに直面している問題状況との間に，同一あるいは類似する要素（課題の目的や構造）があることに気づく必要がある。ただし，子どもが状況間の共通性を自発的に見出せることは稀である。ブルーアーは，二つの状況がなぜ類似しているのか，先に学習したことが，いかなる状況で，なぜ役に立つのかを明示的に伝えるといった積極的な教授的介入の必要性を主張している（Bruer, 1993）。

　さらに，より多様な複数の事例や例題を通して学習した知識ほど，新たな問題への転移可能性が向上することは明らかである。しかし，学習方略としての時間的，物理的な効率性を考えれば，必要最小限の練習回数で最大の学習効果を上げる手段が求められるであろう。そこで教育心理学の分野では，いかなる性質の例題を準備し，どのような手続きで学習者に提示すれば，効果的に転移を促進できるのかという問いが，繰り返し検証されてきた（伏見，1991；藤田，2005など）。また，例題から学習した知識が，ほかの問題状況でも利用できるという認識，つまり，知識に対する一般性の認識を高めることの意義やその教授手段についても具体的に検討が行われている（たとえば工藤，2003）。

　クロス・カリキュラムの意義　教科・単元や学校という枠を超えて，学習した知識が多様な課題や生活場面にも応用できるように工夫された横断的な教育課程を**クロス・カリキュラム**という。日本では，生活科から総合的な学習の時間へと展開するカリキュラムがこれに相当する。ここでは，複数の教科内容と道徳，特別活動，あるいは家庭や社会生活などを相互に関連づけながら，一つの学習内容が構成される。このようなカリキュラムが実質的に機能するならば，ある特定の教科や状況で学習した知識の転移可能性も高まると期待できるであろう。　　　　　　　　　　　　　　　　　　　　　　　　　　　［藤田］

参考文献　J. T. ブルーアー　松田文子・森敏昭監訳　1997『授業が変わる――認知心理学と教育実践が手を結ぶとき』北大路書房

第4章　学業達成と動機づけ

問題 17　家庭の要因は子どもの学業達成においてどのような役割を果たしているか

　子どもの学業達成を支える家庭の要因　子どもの学業に対する動機づけや学習行動のあり方を支えている要因として，個人の要因，家庭の要因，学校の要因，さらには社会・文化の要因をあげることができる。これらの要因は，相互に影響を及ぼし合い，規定しあう関係にある。乳幼児期の子どもの生活の中心は家庭にあるが，児童期になると，学校が重要な生活の場の一つとして新たに加わることになる。子どもたちはこれまでの多様な家庭環境の影響を背後にかかえて学校に通うようになり，また，現在その子どもがおかれている家庭環境のあり方も依然として学業達成のあり方に影響を及ぼしつづけることになる。欧米の研究によれば，子どもの学業成績の低下が，夏期休暇中，とくに恵まれない環境下にいる子どもに顕著であることが明らかにされている（Alexander & Entwistle, 1996）。家庭環境のあり方は，授業期間中も休暇中も，子どもの学業成績に常に影響を与えつづけるものであり，学校と家庭がどのような連携や協力の体制をとるのかによって，子どもの学業達成のあり方は大きく異なってくるものといえる。

　家庭における親の存在　家庭において親は，情緒的な安定が得られるよう子どもを支え，しつけを通して社会化を促す重要な役割を担っている。学業に関して，親に求められるのは，子どもの学習や生活の様子を十分に把握し，子どもにとって望ましい学習環境を整えることであろう。クラウターら（Crouter et al., 1990）は，両親が子どもの毎日の活動について正確に知っている家庭のほうが，子どもの学業成績は高くなることを明らかにしている。親が子どもの学校での活動や学業成績に関心をもち，宿題を確認したり，家庭でのよい学習習慣や生活習慣を促したりすることで，望ましい学習成果につながっていくものといえる。また，グローニックとライアン（Grolnick & Ryan, 1989）は，小学

生の親が，子どもに対し，しつけを通してどのように動機づけをしているかについて調べている。「**自律性支援**」「**関与**」「**構造**」の三つの次元が取り上げられ，学業達成や社会的適応との関連について検討している。「自律性支援」は，① 子どもの自律性を重んじていることを伝え，その促進を見守ること，② 理由づけ，励まし，共感によって動機づけをすること，③ 問題解決などに子どもも含めること。「関与」は，① 子どもの生活について知っていること，② 1週間のなかで子どもとすごす時間，③ 子どもに温かく肯定的な感情を向けること。「構造」は，① 子どもの生活上のきまりや，親の期待をはっきりと示すこと，② 規則や期待を一貫して示し促進すること。以上のような内容をもとに検討がなされた。結果として，母親と父親の「自律性支援」の高さ，および母親の「関与」の高さが高い学業成績と結びついていることが明らかにされている。

習い事と動機づけ　子どもの学習の中心的な場は学校にあるが，児童期になると，習い事のように学校以外の場面で学習に取り組む機会をもつ場合も出てくる。速水・潘（1992）は，ピアノ・エレクトーン，珠算，習字の三つの技能学習の動機づけの要因について調べている。これらを習い始めた理由としては，「親の方針」が最も多く，他人や兄弟といったまわりからの働きかけで習い始めることが多かった。ピアノ・エレクトーンに関しては「自分」からというのも多くみられている。学習初期においては，「先生の賞賛」「親の賞賛」といった外的要因のほかに「級向上」「技向上」のような有能感が動機づけの要因となっていた。「自分から」始めたピアノ・エレクトーンは，「おもしろさ」も動機づけとなっていた。学習期間と動機づけの関係をみると，学習初期では，賞賛や承認などの外発的な要因が動機づけとなるが，学習が継続するには，学習そのもののおもしろさや，技術が向上することの喜びといった内発的な要因が動機づけとして重要になってくることが明らかにされている。　　　　　　［伊藤］

| 参考文献 | 速水敏彦・橘良治・西田保・宇田光・丹羽洋子　1995『動機づけの発達心理学』有斐閣 |

問題 18 達成動機とそれにかかわる認知的側面としての原因帰属の関係について述べよ

達成動機づけのモデル 達成動機とは「価値のある目標に対し，卓越した水準で成し遂げようとする動機のこと」をいう。アトキンソン（Atkinson, 1958）は，達成行動をとろうとする動機づけの強さを「その個人の達成動機の強さ（性格的なもの）」「どのくらいの確率で成功できると考えるか（主観的成功の確率：「期待」に相当）」「成功した時の喜び（誘因価：「価値」に相当）」によって決まるものとして定式化している。これは「達成行動をとろうとする傾向（T）＝達成動機（M）×期待（P）×価値（I）」の公式で表される。期待と価値の間には補数の関係（$I = 1 - P$）が仮定されるため，たとえば，簡単な課題の場合，成功しても喜びは小さいが，困難な課題であれば成功すると喜びがそれだけ大きくなる。最も動機づけが高くなるのは，期待と価値が.50，すなわち，できるかできないかわからない場合である。達成動機の高い子どもの特徴として，現実的な目標設定を行いやすく，やさしすぎたり難しすぎたりする課題よりも中程度の困難さをもつ課題を好み，適度に挑戦心を満たそうとする傾向がある。

原因帰属 達成動機づけを規定している重要な認知的側面として原因帰属があげられる。原因帰属とは，成功や失敗の原因を何かに求めること（帰属すること）であるが，ワイナー（Weiner, 1972）は，表4-1のように二つの次元から4つの要因に整理をしている。「統制の位置」とは，原因が自分の内側にあるか外側にあるか，「安定性」とは，原因が安定したものか変動的なものか，という次元である。「統制の位置」は「自尊感

表4-1 統制の位置と安定性の次元に基づく帰属要因の分類（Weiner, 1972をもとに作成）

統制の位置＼安定性	安定的	変動的
内 的	能力	努力
外 的	課題の困難さ	運

注：ワイナーはその後の研究で，原因を自分の力でコントロールできるかどうかという「統制可能性」の次元を導入し，3つの次元に基づいて8つの帰属要因に整理をしなおしている。

情」に影響を与え，「安定性」は「期待」に影響を及ぼし，その後の行動のあり方を規定するようになる。達成動機の高い子どもは，運に左右される課題よりも自分自身の力によって決まる課題を好み，成功しても失敗しても結果を自分の責任に求める，すなわち，内的な要因に帰属しやすいとされている。

　速水（1990）は，小学校3年から6年生と大学生を対象にして，架空の子どもの成績を推測させる課題を行っているが，努力の要因は3年生の段階で有効な手がかりとなるが，能力の要因は6年生の段階にならないと有効な手かがりとはならないことを明らかにしている。児童期を通じて，努力と能力の概念が未分化な状態から独立した概念へと発達を遂げながら動機づけに影響を及ぼしていくものと考えられる。

　再帰属訓練　ドゥエック（Dweck, 1975）は，教師たちからみて算数が苦手できわめて無気力であるとされた子どもたち（8歳から13歳）を対象にして帰属を変更する訓練を試みている。25日間にわたり，算数の問題を解く練習を1日に15回，それぞれ制限時間内にできるだけ多くを解くように指示をしている。二つの条件群が設定され，「成功経験群」は，基準を低めにしておき，必ず成功できるようにし，「再帰属訓練群」は，基準を高めにすることで2, 3回は失敗を体験するようにし，うまくいかなかったのはがんばりが足りなかったためだと伝え，原因帰属を能力から努力不足へ変更するように働きかけを行った。その結果，「成功経験群」は，諦めやすさに変化がみられなかったが，「再帰属訓練群」のほうは，成績が大きく落ち込むことがなくなっていき，粘り強く取り組むようになっていった。子どもの学習を支えていくときに，失敗の原因を自分ではどうすることもできない能力のせいにしてしまうのではなく，努力によってなんとかできるという見方，すなわち努力帰属を促していくことの重要性を示唆する研究といえる。　　　　　　　　　　　　　　　　［伊藤］

参考文献	宮本美沙子・奈須正裕編　1995『達成動機の理論と展開―続・達成動機の心理学―』金子書房

問題 19 自己決定理論をふまえて児童期における動機づけの特徴について述べよ

外発的動機づけと内発的動機づけ　従来の動機づけ研究では，動機づけの質について「内発―外発」の二分法でとらえてきた。**外発的動機づけ**とは，「ほめられたいから勉強する」「叱られないように宿題をしておく」といったように報酬や罰などの外界からの働きかけによって高められる動機づけのことをいう。その行動は，報酬を得たり罰を避けたりするための手段として行われる。いっぽう，「おもしろいから本を読む」「好きだからピアノを弾く」といったように興味や関心によって動機づけが高められる場合，これを**内発的動機づけ**と呼ぶ。内発的動機づけは，活動そのものに内在する楽しさによって動機づけられるもので，行動すること自体が目的となるものである。

　以上のような二分法に対して，近年の研究では，外発から内発にいたる間の過程が想定され，動機づけは連続的なものではないかという考えが出されている。**自己決定理論**（図4-1）では，自己決定性の程度によって動機づけが分類されている。「非動機づけ」は動機づけがない状態をさしている。**外的調整**は，従来の外発的動機づけに相当する。**取り入れ的調整**とは，「しなくてはいけない」といった義務によって動機づけられるものである。「不安だから」「恥をかきたくないから」といった消極的な理由で行動する段階である。行動すること自体が目的ではないが，外的な力によって動くのではなく，自ら行動を起こしていることから自己決定性は少し高くなる。**同一化的調整**の段階になると，行動の重要性を認めるようになり，自己の価値として同一化するようになる。「自分にとって大切なことだから勉強する」というように積極的な自己決定に

非動機づけ　外的調整　取り入れ的調整　同一化的調整　統合的調整　内発的動機づけ

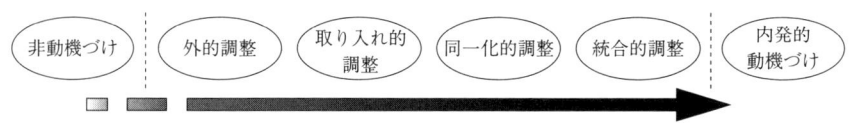

図4-1　自己決定理論による動機づけのとらえ方（Deci & Ryan, 2002 をもとに作成）

第4章 学業達成と動機づけ

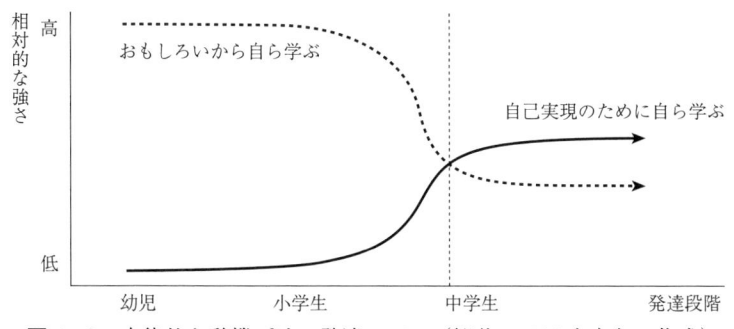

図4-2 自律的な動機づけの発達モデル（桜井，1998をもとに作成）

よって行動がなされる段階である。この段階でも行動はあくまで手段であり，内発的動機づけとは区別される。**統合的調整**とは，自己決定性の程度が高く，自己概念と一致した段階をいう。「趣味などの楽しみを控えて学業に専念する」ように選択された行動とされなかった行動の間の調和がとれていることをさす。

児童期における動機づけの変化　桜井・高野（1985）は，小学校2年生から中学校1年生を対象に，内発的動機づけにおける「挑戦」「自律性」「知的好奇心」の側面について調べている。年齢とともに減少傾向がみられ，とくに「挑戦」「自律性」の側面において下降する傾向が見出されている。これは，学年が進むにつれて，授業内容が高度になっていき，学習環境が徐々に構造化され統制されるようになり，成績評価が重んじられるようになってくることがかかわっているものと思われる。

桜井（1998）は，自律的な動機づけについて図4-2のような発達モデルを想定している。年齢とともに動機づけの相対的な強さが，知的好奇心や興味によるものから，自分はどのように生きたいのか，どのような職業に就きたいのか，といった自己実現によるもの（同一化的調整，統合的調整と対応する）へと変化していくことを指摘している。児童期においては，自己の問題とのかかわりにおいて自律的な動機づけを育んでいくことが求められるといえる。　　［伊藤］

参考文献	速水敏彦　1998『自己形成の心理―自律的動機づけ』金子書房

問題 20 子どもの学業達成，動機づけと社会・文化の要因とのかかわりについて述べよ

子どもの学業達成と社会・文化の要因　家庭，学校，地域といった子どもを取り巻くさまざまな場のあり方が，子どもの学習や動機づけに影響をもたらしている。ブロンフェンブレンナー（1979）は，発達しつつある子どもを取り巻く環境を生態学的環境としてとらえ，第1に，家庭や学校のように，個人が直接的に経験する場面との関わり（**マイクロシステム**），第2に，学校と家庭の連携のように，複数のマイクロシクテム間の相互関係（**メゾシステム**），第3に，両親の職場のように，本人が直接参加しない外部のシステム（**エクソシステム**），第4に，社会や文化の全体レベルで存在するシステム（**マクロシステム**），以上の4層の構造を考えている。これらの相互に規定しあう関係のなかで，子どもたちは成長・発達を遂げていく。家庭や学校のあり方を含めて，日本の子どもは，日本社会がもっている文化的背景，すなわち，マクロシステムの影響を強く受けることになる。

国際調査からみる日本の子どもの学業達成　日本を含めたアジアのいくつかの国々の子どもたちの学業達成の高さについて国際的に関心が向けられてきた（小嶋，2004）が，近年，たとえば日本などは低下傾向にあるのではないかという指摘もなされている。2006年に実施されたOECD「生徒の学習到達度調査」（PISA）によると，科学的リテラシー6位／57ヵ国，数学的リテラシー10位／57ヵ国，読解力15位／56ヵ国という結果が報告されている（国立教育政策研究所，2007）。国際調査結果について単純な比較や解釈はできないが，アジア圏の教育に関する文化的条件が子どもの学業達成につながっていることを示唆する研究がある。

たとえば，アメリカの子どもの算数・数学の学力の低さがよく問題にされてきたが，スティグラーら（Stigler, et al., 1987）は，授業中の活動においてアメリカでは一人で取り組む時間が長いが，日本や台湾ではクラス集団での活動が

多くの時間を占めていることを明らかにしている。日本や台湾の学校の子どもたちのほうが，教師の説明や仲間が取り組む様子から見て学んだり，ともに教え合ったりしている実態がうかがえる。チェンとスティーヴンソン（Chen & Stevenson, 1995）は，白人系アメリカ人に比べてアジア系アメリカ人と東アジア人の生徒に以下の傾向がみられることを示唆している。① 努力すれば成功できると信じていること，② 数学に対して積極的な態度をもっていること，③ 勉強に励むこと，④ 友人関係を優先して学校の授業や宿題をおろそかにすることがほとんどないこと，⑤ 親が子どもに対して数学に関する高い基準をもっていること。社会・文化の要因は，親の期待や価値観をとおして子どもたちに影響を及ぼしていく。日本の母親に比べてアメリカの母親は，子どもに対して高い達成の目標をもたず，全体として甘い評価で満足する傾向にある。アメリカの母親は，生得的能力を重視するのに対して，日本の母親は，努力をかなり重視する。こういった背景にある要因がそれぞれの国の子どもたちの学業成績に影響を及ぼしているものと考えられる。

受容的勤勉性と自主的選好性　東（1994）は，日米の子どもの動機づけの構造の違いを**受容的勤勉性**と**自主的選好性**という概念によって説明している。5歳のときに，認知スタイルを測るテスト，MFF（同じ絵さがしテスト）とTVM（手探りゲーム）を行い，小学校5，6年生になった時点での学業成績との相関を調べたところ，日本の子どもは，辛抱強さが求められる退屈な課題（MFF）での正答率が相関を示し，いっぽう，アメリカの子どもは，自発的な興味をひく，おもしろさのある課題（TVM）での正答率が相関を示していた。日本の文化では，与えられた課題を黙って受け取って勤勉にやるという受容的勤勉性が求められるが，アメリカの文化においては，自分で納得して選んで，そのことに力を傾けるという自主的選好性が求められるのではないかと考察がなされている。　　　　　　　　　　　　　　　　　　　　　　　　　　　［伊藤］

参考文献	東洋　1994『日本人のしつけと教育―発達の日米比較にもとづいて―』東京大学出版会 小嶋秀夫・森下正康　2004『児童心理学への招待（改訂版）―学童期の発達と生活―』サイエンス社

問題 21 児童期における自己調整学習のあり方について述べよ

自己調整学習 ジマーマン（Zimmerman, 1989）は，**自己調整**とは，一般的には，「学習者が，メタ認知，動機づけ，行動において，自分自身の学習過程に能動的に関与していること」としてとらえられると述べている。「**メタ認知**」とは「自らの認知についての認知」のことであるが，自己調整学習者が，学習過程のさまざまな段階で，計画を立て，自己モニターし，自己評価をしていることをさしている。「動機づけ」とは，自己調整学習者が，自分自身を，有能さ，自己効力（自らの能力の認知のこと），自律性を有するものとして認知していることを意味する。「行動」については，自己調整学習者が，学習を最適なものにする社会的・物理的環境を自ら選択し，構成し，創造していることをさしている。以上のように，自己調整学習とは，メタ認知，動機づけ，行動の面で，自己調整の機能を働かせながら進められる学習のあり方のことをいう。

自己調整学習のプロセス 自己調整学習のプロセスは，図4-3のような**予見，遂行コントロール，自己省察**の3段階で構成される循環的なプロセスとして考えられている。「予見」の段階とは，実際の遂行に先行するもので，活動

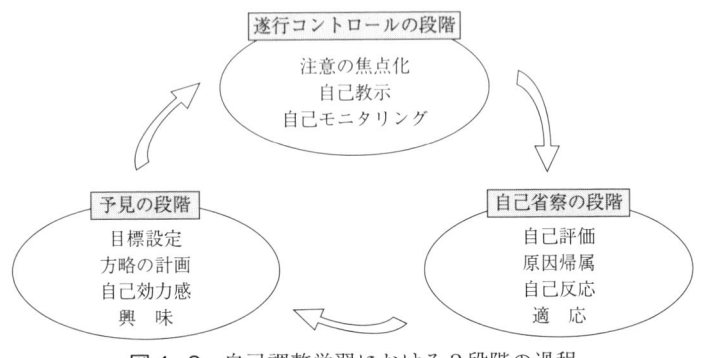

図4-3 自己調整学習における3段階の過程
（Schunk & Zimmerman, 1998をもとに作成）

の下準備をするプロセスのことをいう。「遂行コントロール」の段階とは，学習中に生じるプロセスであり，注意や活動に直接，影響を与えるプロセスのことである。「自己省察」の段階は，遂行後に生じるプロセスのことであり，自らの努力に対して反応をなすプロセスのことである。

　学習場面に入る際，「予見」の段階において，学習者は，なんらかの目標をもっており，また，成し遂げることに対する自己効力感や課題についての興味の程度もさまざまである。ここで，どのように学習を進めていくかについて計画が立てられる。「遂行コントロール」の段階では，学習や動機づけに影響を与える学習方略が実行される。遂行がうまくなされるように注意の焦点化，自己教示，自己モニタリングが行われる。「自己省察」の段階になると，学習者は，自己評価という重要なプロセスにたずさわるようになる。自分の学習成果が基準をどのくらい満たしたかについて自己評価をし，そして，なぜうまくいったのか，あるいは，うまくいかなかったのかについて考える（原因帰属）。自分の能力や努力によって成功したと考えれば，肯定的な自己反応をもたらすであろう。方略に問題があれば，修正がなされるであろう。「自己省察」の結果は，次の「予見」の段階に反映され，循環的なプロセスとして成立していく。

　児童期における自己調整学習　自己調整学習を構成する重要な心理的側面としてメタ認知があり，自己調整学習方略にはプランニングやモニタリングなどのメタ認知過程が深くかかわっていることから，その前提となる発達的要因としてメタ認知能力をあげることができる。児童期を通じてメタ認知能力が発達を遂げていき，多様な学習方略を獲得しながら学習の自律性を高めていくものと思われる。児童期の子どもは，ノートのとり方などのような基礎的な学習方略を獲得することから始まり，次第に多様な種類の自己調整学習方略を身につけていくようになる。親や教師，仲間や友人といったまわりの人とのかかわりをとおして，自分自身でも学習に取り組みながら，自己調整学習の力を高めていくのである。

［伊藤］

参考文献	塚野州一編訳　2006『自己調整学習の理論』北大路書房 塚野州一編訳　2007『自己調整学習の実践』北大路書房

第5章　学校・家庭での学習

問題22　子どものことばの発達と教育との関係について述べよ

児童期以前のことばの発達　子どものことばの発達は，誕生時の産声から始まる。クーイング（クークーいうような発声）や喃語の時期を経て，ちょうど1歳のころに初めてのことば（初語）がみられるようになる。そして幼児期は「話しことば」が発達する時期である。幼児期前半の間に子どもは語彙が爆発的に増え，一語文から二語文，多語発話へと，ことばの使い方も複雑になっていく。そして4歳くらいまでには，ものを要求するといった日常生活には困らないくらいの話しことばを使うことができるようになり，話しことばも洗練されていく。

児童期のことばの発達と教育　児童期からは，話しことばに加え，国語の授業で書きことばが体系的に教授されるようになり，読み書き能力の獲得が求められるようになる。書く能力について見てみると，小学校就学前の幼児でも，多くの子どもがひらがなを読み書きすることができるという（島村・三神, 1994）。しかし，文字が読めたり書けたりすることの意義に気づくことができるようになるのは児童期からである。内田（1989a）は，読み書きの意義について，幼児期には「読めるとうれしいから」「ママが喜ぶから」などとしか回答していなかったのに対して，小学校に入学したあとの調査では「字がたくさん書いてある本が読めるから」「引越ししたお友だちにお手紙が出せるから」といったように，読み書きの道具的価値を認めた回答をする子どもが9割近くみられるようになることを報告している。そして，そのような認識は文字習得の動機づけを高め，文字習得を促進していくという。

次に読む能力についてであるが，児童期の読解能力の発達過程を縦断的に分析した高橋（2001）によると，低学年では，ひらがなの読みの習得が読解能力を強く規定するが，その傾向は学年があがるにつれて弱まるという。いっぽう

で，語彙の豊富さは低学年から高学年までの読解能力を規定するものであり続ける。このことから，児童にとって，家または学校でさまざまな本を読み，語彙を増やすという活動が，読解能力を高めるのに重要な活動になってくるといえる。

また，読解能力を高めていくためには，語彙を増やすだけでなく，読んでいる内容を分析する読解方略を習得していかなければならない。この方略の獲得を促進する教授法として，清河・犬塚（2003）は相互説明と呼ばれる指導法を開発している。これは，読んだ内容を理解できているかどうかのモニターを他者に行ってもらうというものである。このモニター役は，文章を読んだ本人が説明する文章の内容について，おかしな部分や不明確な部分などを質問する。そのような活動をくり返し行うことにより，その他者の視点が内化され，読解のパフォーマンスが向上するという。

ことばの発達とコミュニケーション　岡本（1984）は，直接会話で展開される話しことばを**一次的ことば**，不特定多数に向けて伝達されることばを**二次的ことば**と区別している。二次的ことばには話しことばだけでなく，書きことばも含まれ，児童期は一次的ことばの使用から二次的ことばの使用への移行がみられる時期である。このような二次的ことばを使用するには，純粋にことばだけをコミュニケーションの手段として，自分の表現したい内容が他者に伝わっているかどうかを吟味する能力が必要になってくるといえる。

内田（1989b）は，小学生の作文の推敲過程を思考発話法によって明らかにしているが，小学校高学年の児童は，作文の途中で「あれ，変だぞ？」とズレを感じたとき，その原因を意識化し，言語表現を自分の意図に沿うよう調整しようとすることができるようになってくるという。他者の視点を意識し，自分の表現を正確に伝えたいと思う気持ちが，児童期のことばの発達のカギを握っているといえるだろう。　　　　　　　　　　　　　　　　　　　　　　　　　　［山縣］

参考文献	内田伸子　1999『発達心理学　ことばの獲得と教育』岩波書店 大村彰道監修　秋田喜代美・久野雅樹編集　2001『文章理解の心理学』北大路書房

問題 23　子どもの数量概念の発達と教育との関係について述べよ

　児童期以前の数量概念の発達　人は生まれてまもないころから，簡単なレベルでの数量概念を身につけているといわれている。たとえば，乳児期の子どもは4カ月ごろから，3個以下の異なる集合（たとえば2個 vs. 3個）を知覚的に弁別することができるという（Starkey & Cooper, 1980）。幼児期に入ると，数詞を順序どおりに唱える「数唱」が行えるようになる。具体的には，3歳ごろまでに20以下の数についての数唱がほぼ可能になり，8歳で100以上の数唱が可能になる（栗山，1995）。それにしたがって，「計数」（数を数えること）の能力も発達し，「物がいくつあるのか」という具体的な数理解が可能になる。計数を行うには，1対1対応の原理（一つのものに一つの数詞を割り当てる），安定した順序の原理（数詞の順序は常に同じ），基数性の原理（最後に唱えた数詞が数えた対象の数を表す），順序無関連の原理（数える順番は関係ない），抽象性の原理（数える対象が何でも適用される原理は同じ）の理解が必要であるが，3〜5歳の間に，多くの子どもがこれらの原理を理解するようになるという（Gelman & Gallistel, 1978）。

　この計数は，インフォーマルなかたちでのたし算の基礎となっている。たとえば，3＋5を計算する場合，まずは両手の指で3と5をつくり，それを端からすべて数える count-all 方略と呼ばれる方略がとられる。それが次第に，たされる数（3）は頭で覚えておき，たす数（5）のみを指でつくって，たされる数の次の数詞からその指を数えていく count-on 方略，同様な計算で，頭で覚えておく数字を大きいほうの数（5）にし，数える数を少なくする min 方略など洗練された方略がみられるようになる（Fuson, 1992; Groen & Parkman, 1972）。そのうち1桁くらいの計算結果であれば，計数を使用しなくても，記憶から検索する方略で解答が行えるようになる（Siegler, 1987）。

　児童期からの数量概念の発達と教育　小学校に入学すると，まずはたし算，

ひき算を体系的に学習するようになるが，とくにひき算はむずかしく，繰り下がりの学習以降から，誤った方略（バグ）の使用が多く見られるようになることが報告されている（吉田，1992）。それはたとえば，426－158を332と解答してしまう（それぞれの桁の数の大きい方から小さい方をひいている）など，誤答であっても子どもなりのルールをとっている場合が多い。教育場面では，子どもが誤解答を行った場合，その子どもがどのように考えてまちがえたのかを考慮し，それを意識化させたうえで正しい方略を導入していくことが必要になってくるといえる。

また，小学校中学年以降からは，小数や分数といった有理数の概念を理解することや，2量の関係（比例，割合，内包量など）を理解することが要求されるようになる。これらもまた，より抽象度の高い内容の理解が求められることから，算数のつまずきの原因となるケースが多く見られる。これは「**9歳の壁**」と呼ばれ，算数に限らず，この時期から子どもたちの学力差が開き始めることが多く，学習遅滞児の数が増加しはじめるという。

学校教育の影響　また，学校での算数授業の教授自体が子どもたちの制約となり，誤った信念をもたらす原因をつくることもある。たとえば，小学生は不備のある問題（問題を解くのに必要な情報が足りないなど）に対して不適切な解答を行ったり（金田，2003），答えが複数ある文章題に対して一つの解答しか行わなかったり（金田，2004）することが報告されている。これは，普段の授業のなかで，問題には必ず答えがある，答えは一つしかないといった誤った学習観が形成されていることに起因していると考えられる。教育者は，学校で学ぶ内容が，学校という空間でしか使われない，いわゆる「学校知」とならないよう配慮することが重要である。　　　　　　　　　　　　　　　　　　　［山縣］

参考文献	吉田甫・多鹿秀継編著　1995『認知心理学からみた数の理解』北大路書房 吉田甫　2003『学力低下をどう克服するか　子どもの目線から考える』新曜社 吉田甫　1991『子どもは数をどのように理解しているのか　数えることから分数まで』新曜社

問題 24　子どもの科学的概念の認識の発達と教育との関係について述べよ

　子どものもつ素朴概念　子どもは，学校で物理や生物といった科学的概念を学習する以前から，物理的物体のふるまいや生物に関しての知識をもっているといわれている。これらは**素朴概念**と呼ばれているが，この素朴概念に関する研究は大きく二つにわけることができる（落合，2000）。一方は，主に乳幼児期に関係し，ほぼ生得的（あるいは自生的）に獲得されている素朴概念に関するものである。たとえば，乳児は，物体のふるまいに関する素朴な物理学的知識（物は連続した道筋をたどって移動する，など）をもっているという（Spelke, 1991）。それによって，目の前を転がるボールが衝立の裏をとおって見えなくなっても，反対側から出てきたボールが先ほどのものであることがわかるといったように，素朴概念が制約として機能し，乳幼児がスムーズに外界を認知できるようになっているのである。

　そしてもう一方は，主に児童期以降に関係し，子どもたちの日常経験や直感から形成される科学的に誤った素朴概念に関するもので，前概念やル・バー，インフォーマルな知識などと呼ばれているものである。ヴォスニアドウとブレワー（Vosniadou & Brewer, 1992）は小学生の地球の形の認識を調べているが，日常経験では地面は平らであるということを観察しているため，子どもたちは「地球は平らである」という誤った素朴概念をもっているという。そこで科学的な情報として「地球は丸い」という情報を獲得しても，子どもたちは「地球が平らである」という既存の概念との矛盾を正しく解消することができず，地球は内部が空洞になっており，そのなかに人が住んでいると考えたり，地球はミカンのような形になっていて，球形が多少つぶれて平らになっているところの上に人が住んでいると考えたりすることが報告されている。

　素朴概念から科学的概念へ　子どものもつ素朴概念は，日常経験に根ざしたものであるため，強固で修正されにくいという特徴をもつ。そのため，理科学

習においては，子どもがどのような素朴概念をもっているかを考慮し，それが誤っていて不便なものであるということ，その半面新しく学習する科学的概念は，正しくて有用であること，を示す必要がある。ただし，素朴概念が誤っていることを示すために反証例（素朴概念では説明できない事象）を提示しても，それが効果をもたない場合があることも報告されている（Limon, 2001）。そのため，子ども自身がもつ誤った概念を顕在化させたり（進藤，1995；進藤・麻柄・伏見，2006），その場合に起こる認知的葛藤を解消する知識を教授したり（中島，1994）する工夫が必要である。また，近年他者との活動のなかで，思考を外化し，メタ認知を高めることで概念変化を促進するような教授法も開発されている（高垣・中島，2004；高垣・田原，2005）。

児童期の科学活動の認識 サマラパンガバン（1992）は，優れた科学理論かどうかを判断する基準として，(1) 説明範囲の広さ，(2) 経験的証拠との一致，(3) 論理的一貫性，(4) 理論の非特殊性（現象を包括的に説明できるかどうか）の4つの基準を小学生が理解して，優れた理論を選択できるかどうかを調べている。その結果，理論の非特殊性は小学5年生で，ほかの基準については小学1年生の時点で理解できていることがわかった。また，科学の目的や実験の性質，目的などを質問するインタビューによって，ケアリら（Carey, et al, 1989）は，中学生でもまだ「科学理論が科学者によって検証されたものである」ということが理解できていないことを明らかにしたが，いっぽうでスミスら（Smith, et al, 2000）は発見学習のような，構成主義的教授法をとりいれたクラスでは，小学6年生でもより洗練された見方をできるようになっていた。科学に関する認識は，仮説をたて，それを検証する実験を行うといった科学的な活動のなかで育まれていくのだといえる。　　　　　　　　　　　　　　　［山縣］

参考文献
湯澤正通編著　1998『認知心理学から理科学習への提言』北大路書房
岡田猛・田村均・戸田山和久・三輪和久　1999『科学を考える　人工知能からカルチュラル・スタディーズまで14の視点』北大路書房

問題 25　子どもの社会概念の発達と教育との関係について述べよ

児童期前半の社会概念の発達　子どもたちは，自分たちが生活している社会経済の仕組みをどのように認識しているのだろうか。ファース（Furth, 1980）は，金銭の理解について，4つの段階があることを報告している。それによると，5歳くらいでは，まだ第1段階で，お金の基本的機能が認識できていない段階の子どもが多い。そして小学校にあがるころから，お金と品物が交換されるという第2段階の初歩的な理解が見られるようになる。9歳くらいになると，お金の循環などについて，基本的な部分は理解するものの，まだ「利益」などの概念はわからないという第3段階の子どもが増えてくるが，全体的に社会の仕組みを理解する第4段階の水準に達する子どもは児童期ではまだ少ないという。

　また，商品の価格の設定に関して，シーグラーとトンプソン（Siegler & Thompson, 1998）は，幼児期から児童期前半にかけて，需要と供給が売り上げに影響を及ぼすことが理解できるようになることを明らかにしている。ただし，需要が多いと売り上げが多くなるという関係は幼児でも理解できるのに対して，供給量が多いと売り上げが下がるという関係は小学生にならないとわからないという。トンプソンとシーグラー（Thompson & Siegler, 2000）は需要と供給，価格，売り上げのうちの一つの要因を操作し，「利益追求（需要と供給と売り上げが価格に影響する）」「売り手間の競争（供給量が需要や売り上げに影響する）」「要望される品物の獲得（需要があると売り上げが伸びる）」「節約（価格が需要や売り上げに影響する）」といった概念が理解できるかどうかを調べているが，ここでも同様に，5歳児では需要があると売り上げが伸びることは理解できていたものの，ほかの概念は理解できていなかった。いっぽう，7歳児の多くや9歳児のほとんどは，これらすべての概念を理解することができていた。

児童期後半の社会概念の発達　小学校高学年になると，より複雑な要因を考

慮することができるようになる。藤村（2002）は，小学校高学年の児童の経済学的思考の発達を，身近な商品の価格差をもたらす要因を推理させることをとおして体系的に検討している。小学校4年生から6年生にかけて，商品の利用価値などの消費者側の要因に加えて，供給量，コスト，利益といった生産者側の要因を価格と因果的に結びつけて考えることができるようになるという。また，4年生でも，生鮮品には需要や供給量のルールを適用し，加工品にはコストや利用価値のルールを適用するなど，商品の性質に応じて適切なルールを選択することができていた。

社会概念の発達と教育　このように，児童期の子どもでも，供給量等の要因が価格に及ぼす影響についてほぼ正しく推論ができていた一方で，大学生が「企業間に競争があれば価格が低くなる」というルールを日常現象に適用することができないという報告もある（進藤・麻柄，1999）。この研究では，ある駅間の運賃が同距離のほかの駅間より低いのはなぜかという問題を出題しているのだが，ここで大部分の大学生は，「乗客数」や「鉄道敷設費・運転経費」といったコストに着目した解答を行い，ほかの私鉄と競合しているからという重要な要因を見落としてしまう学生が多かった。このことから，児童期から経済の基本的なルールを理解することはできているが，それを日常経験のなかで適用するという経験が絶対的に不足していると考えられる。普段行っている経済活動を，消費者側からの視点だけでなく，供給者側からの視点でとらえなおしてみるような経験を継続的に行うことによって，子どもたちにも，より現実に即した経済観念が身についていくのではないだろうか。　　　　　　　　　　　［山縣］

参考文献	秋田喜代美　1996「科学的認識・社会的認識の学習と教育」大村彰道編『教育心理学Ⅰ　発達と学習指導の心理学』東京大学出版会 田丸敏高　2003「社会化教育と社会認識の発達」日本児童研究所編『児童心理学の進歩 2003年版（Vol. 42）』金子書房

問題 26 子どもの体験や感性，表現力と教育との関係について述べよ

体験活動と教育　小学校低学年の子どもは，理科や社会といった教科の内容を，「生活科」という体験を重視した教科のなかで学ぶ。この教科では，具体的な活動や体験をとおして，自分と身近な社会や自然とのかかわりについて学ぶことを目標としている。児童期はピアジェによって「具体的操作期」と位置づけられたように，この時期の子どもにとって，豊かな体験をすることは，学習面，情緒面において大きな意味をもつといえるだろう。

たとえば，教室外での体験活動として，博物館での学習があげられる。小川・下条 (2003, 2004) は，博物館で体験プログラムを行った小学生は，科学博物館に対する興味，関心が高まることを明らかにした。またその変化は，国立科学博物館の先生と交流できたことや実物を見る（さわる）ことができたことといった，直接体験にかかわる要因が影響しているという。また，体験型科学センターを利用した大学生に，体験をする学習と通常の学習がどう違うかを考察させたレポートから，青木 (1999) は体験・活動型の授業について，活動の主体が「自分」であることの意義が大きいと指摘している。それは，学習が楽しくなる，知的好奇心が呼び起こされるといったような動機づけに関する側面に影響を及ぼすのはもちろん，学習面においても，自分が実際に体験していることから，その内容が動かしがたい事実となり，理科学習でよくみられる，自分の経験に基づいた誤概念の修正につながるといった効果ももつと考えられる。

描画活動における表現　また，児童期には感性や表現力も培われていく。教科学習内での表現活動として，まず描画活動についてであるが，描画活動は，1歳ごろからのなぐりがきに始まり，幼児期にはさかんに見られる活動である。3～5歳ごろにさまざまな図形の描写が可能になり（長坂，1989），絵のレパートリーも豊富になってくる。そして，ピアジェによると，7歳くらいから，水

平，垂直方向の表現が正しくなり，9歳くらいから遠近法も使用できるようになるという（子安，1996）。

橘（2007）は，幼児期中期から児童期中期の子どもに対して，見た目は同じだが重さが異なるぬいぐるみ（同じものだが，子どもの目の前で，一方のぬいぐるみにおもちゃの食べ物を食べさせて，体内にいれてしまう）を写実する課題を行わせている。その際，他者に情報を伝える意図をもって描くよう指示をすると，幼児では言語的補足が必要なストーリー（どうして片方のぬいぐるみが重くなったのか）仕立ての絵を描くことが多かったのに対し，小学2年生は重いほうのぬいぐるみを大きく描いたりする反応が多く，小学4年生では，シーソーなどの非実在物を書き加えてどちらが重いかがわかるような描き方をしている子どもが多かった。このことから，絵のみで他者に情報を伝えるという能力が，児童期に洗練されていくということが示された。

音楽における表現　梅本・岩吹（1990）は子どもの歌の発達を調べるため，幼稚園児と小学生に悲しい歌詞，嬉しい歌詞，ニュートラルな歌詞を提示し，自由に旋律にのせて歌う課題を行わせている。その結果，4・5歳児では，歌詞の内容に応じて旋律を変えた子はいなかったが，2年生，4年生になると，嬉しい歌詞のときに大きな声で歌ったり，悲しい歌詞のときに小さい声でテンポも遅くして歌ったりと，歌詞の感情に適切な表現方法で歌う子どもが多くなってくることが示された。このように児童期には，悲しい気持ちであることや嬉しい気持ちであることを，他者に正確に伝えるためには，どのような表現を行えばよいのかということについての知識を得て，それを適切に実行できるようになるメタ認知が発達してくるのだと考えられる。豊かな経験をし，それを他者に伝えたいと思うことがより豊かな表現の発達につながってくるともいえるだろう。

[山縣]

参考文献
青木多寿子　1998「体験・活動型授業として見た3つの実践」湯澤正通編著『認知心理学から理科学習への提言』北大路書房
梅本堯夫　1999『子どもと音楽』東京大学出版会

第6章　子どもと環境

問題 27　子どもは生活する空間をどのように経験しているか

　子どもの空間への関心　子どもの生活空間への関心が背景とする研究分野は，人の認識・行為を人と環境との相互関係としてとらえる環境心理学（南，1995）や，デザイン・建築（仙田，1998），人文地理学（寺本，1994）など多岐にわたる。また，扱われている範囲も，空間の物理的側面だけでなく，そこで起きる社会的・情緒的かかわりを含むものなどさまざまである。とくに後者は「場所」「場所への愛着」といった言葉が用いられる（無藤，1994）。さらに，他者から存在を認められ，安心しくつろげる場，心理的な拠り所，個人のアイデンティティ形成の場として「**居場所**」の概念がある（田中，2001；住田，2003）。

　子どもの空間認識　そもそも，子どもたちは，自分が生活・活動する地域やその周辺をどのように認識しているのだろうか。寺本（1988, 1994）は，子どもが自分の周囲の世界をどのように，またどの範囲まで把握しているのかを，子どもたちが書いた地図を分析し検討している。それによれば，小学校低学年では，子どもたちが地図に表すことができた範囲は，自宅と学校を結ぶ通学路とその周辺に限られ，学年が上がるにつれ，地域の公共施設などを含めた学区の全体像や学外で馴染みのある場所の存在や位置関係がしっかりと表現されるようになっていくという。これら空間の全体像や特徴，位置関係などの把握には，身体や空間認知能力の発達，それぞれの場所で遊ぶ，空間内を移動し探検する，などの経験が関係する。児童期までの子どもたちは，家庭や園・学校を中心とした比較的限られた範囲で活動し，その範囲を自分がよく知る，なじんだ空間として認識しているのだと考えられる。

　子どもたちの空間経験の豊かさ　子どもたちの活動範囲の狭さは，子どもたちが経験する空間の貧しさを意味しない。寺本が行った別の調査では，子どもたちは活動範囲のなかに，「**秘密基地**」「隠れ家」「子ども道」「こわい場所」な

ど子どもたち自身により独自に意味づけられた場所を複数もっていることが示されている。また，大学生を対象として子ども時代の**原風景**を尋ねた南ら（1995）の研究でも，「恐怖空間」「禁止空間」「安心空間」など7種の空間が見出されている。こうした意味づけられた場所の存在には，それぞれの場所がもつ特徴だけでなく，そこで経験された感情，大人からの制約，子どもどうしの遊びのなかでの機能などさまざまな要素がかかわっている（南，1995）。いっぽう，子どもたちの下校時の道草行為について観察を行った水月（2006）でも，子どもたちが，下校ルートというごく限られた範囲のなかに存在するいくつものモノ・人との間で，いろいろなかかわりをもっている様子が描写されている。「見る」「さわる」「座る」「上る」など，物理的環境に対し子どもたちが行う行為は，それぞれの場所に含まれる要素や場所の特徴により可能になっている。またそれらの行動は，偶発的にもしくは習慣的に子どもたちによって行われる。

　子どもの空間のこれから　子どもの日常の活動空間は，物理的環境や人との相互的なかかわりによってつくりだされる多様な「意味」に満ちている。それらは，必ずしも大人が意図・準備したもの，あらかじめ存在したものではなく，子ども自身が，子どもの身体で，生活のなかで，環境とかかわることを通じ構築したものである。子どもの生活の多忙化や，安全面への配慮の強化などに伴い，子どもたちが自由に活動できる時間や空間の確保は一層難しくなってきている。そうした変化は，大人が用意した「子ども向けの文化」ではなく，子どもたち自身がつくり出し，子どもたちの間で伝承されていく「子どもの文化」が生まれる余地自体が奪われていくことを意味している（岡本，2005）。

　社会状況の変化やそれに伴うさまざまな制約のもと，既存の大人−子ども関係を越えた新たな「子どもの空間」をつくり出すことが求められている。子どものための空間を含め，まちづくりやよりよい環境づくりに，子どもたち自身がコミュニティの一員として主体的に参画することの意義やその方法が提案され，さまざまな実践がすでに行われている（ハート，2000）。　　　　　　　［磯村］

参考文献	住田正樹・南博文編　2003『子どもたちの「居場所」と対人的世界の現在』（九州大学出版会）

問題 28　児童期の子どもにとって遊びはどのような意義があるか

　児童期の遊びの現状　子どもたちの遊びをめぐる状況は，1980年代以降大きく様変わりし，とくに，集団で外遊びをする子どもが減少しているといわれている（仙田，1998）。こうした状況は，遊びに必要な「3つの間」（時間・空間・仲間）の減少によるものであるといわれている（寺本・大西，2004）。その背景には通塾や習い事の普及による遊び時間の減少，また，防犯・安全意識の高まりによる遊び空間の制限など，さまざまな要因がかかわっている。

　深谷ら（2004）による高学年を対象とした調査によれば，調査前日の放課後について尋ねたところ，約4割が「遊ばなかった」と答えている。いっぽう，よく遊ぶ場所としてあげられたのは，自分の家，友だちの家であり，遊んでいる場合も，室内，少人数で遊ぶことが多い傾向がうかがわれる。また，学年が上がるにつれ，公園や広場など外で遊ぶ傾向は減少する（ベネッセ教育開発センター，2004）。従来の「外でみんなと遊ぶ」イメージとは異なる現代の遊ぶ子どもの姿がある。

　遊びとメディア　子どもたちの遊びの現状を考えるうえで無視できないのが，テレビ，ゲームなどの**メディア利用**である。小学5年生を対象として2006年に行われたある調査（日本PTA全国協議会）によれば，平日テレビをほとんど見ない子どもは数パーセントにとどまり，約半数が1〜3時間，2割以上が3時間以上テレビを視聴している。いっぽう，**ゲーム**に関しては，約半数の子どもが自分専用と，家族共用のゲーム機の両方を所有しており，3割の子どもが平日1時間以上ゲームをしている。子どもたちの日常のメディア利用が「群れ型」から「孤立型」へという子どもの遊びの質の変化と結びついているという指摘もある（深谷，2008）。他方で，ゲームは子どもたちの社会的適応に悪影響を及ぼすものではないとする見方もある（坂元，1999）。幼児期からメディア利用が子どもの生活の一部となっている現状を考えると，メディア利用の是非で

はなく，どのような利用が子どもの生活経験を豊かにしうるのかを議論する必要がある（無藤，1991）。

児童期における遊び経験の意義　子どもの遊び状況の変化への懸念は，児童期においても子どもの発達にとって遊び経験が重要であるという認識を表している。この点について，須藤（1991）は，児童期の**社会性の発達**において，仲間との遊び，とくにルールや競争を伴った遊びの重要性を指摘している。また，鈴木・庄司（1990）は，遊び場面での子ども同士のやりとりについて尋ね，遊びの場面にさまざまな**社会的スキル**の使用が含まれていることを見出している。さらに，遊びの頻度と社会的スキルの関連を検討した研究（大畠ら，2002）では，友だちと遊ぶ頻度の高さと，友だちを誘うなどの積極的・主張的なかかわりのスキルを用いる傾向の高さが関連していた。これらの結果は，遊びの効果を直接的に裏づけるものではないが，少なくとも，児童期の仲間との遊びが，対人的なスキルを必要とする場であることを示している。

いっぽう，外遊び習慣の衰退は，日常生活のなかでの自然体験や地域とのかかわりの機会が失われつつあることを意味している。子どもの**自然体験・生活体験**に関する実態調査からは，児童期には，学校以外の機会での川遊びや虫取り，農作物の収穫などの自然体験は，長期の休暇を利用し比較的多くの子どもが体験しており，また，地域のお祭りや行事への参加経験も中高生に比べ多いことが示されている（国立オリンピック記念青少年総合センター，2004）。自然や地域との接点は，学校生活以外では，日常的な生活のなかではなく，特別な機会や，意図的に設けられた場を通じて確保されている状況であると考えられる。

子どもの遊びの今後　子どもたちの生活環境に大きな変化がない限り，今後子どもたちの遊び状況が大きく変化する可能性は低い。放課後の子ども教室など，地域の大人が子どもの安全を見守ったうえで，日常的にさまざまな体験活動を提供する取り組みが全国で行われている（放課後子どもプラン）。　　［磯村］

参考文献
仙田満　1992『子どもとあそび―環境建築家の眼』岩波新書
須藤敏昭　1991『現代っ子の遊びと生活―"遊び"からみた子育て論』青木書店

問題 29 子どもにとって学校（学校制度）はどのような意味をもっているか

学校教育がめざすもの　教育基本法では，教育の目的は「知識と教養」「豊かな情操と道徳心」「個人の価値の尊重」「自主および自律の精神」「公共の精神」「伝統と文化の尊重」など，個人の知的・人間的成長だけでなく，社会を支え，その一員として生活する人間の育成，文化の継承などの目的で行われている。学習内容，学習環境はこの目的をもとに設定されている。

学校における学びの特殊性　人は乳幼児期から，他者との生活のなかで行われるさまざまな活動に参加して多くの知識や技能を獲得している。その成果は，その後の知的発達・知識獲得の基礎となる。いっぽうで，それらの知識や理論がしばしば誤りを導きうること，日常経験だけでは現象について深く体系的に理解するのに必要な抽象的な概念やカテゴリーを獲得することは難しい（波多野・稲垣，1984；松田ら，2000）。つまり**日常生活の学びには限界がある**。**学校教育の学びの目的の一つは，そうした限界を克服することにある**。しかし，教室で学習された知識は日常生活へと転化されにくい。日常生活と学校教育での学びの間に，大きな断絶があることが指摘されている（レイブ，1995）。

学校教育での学びや，それを通じて獲得される知識は，「学校化された学び」「**学校知**」と呼ばれ，日常生活での学びとの対比でその特殊性が指摘されている。稲垣・波多野（1995）は，学校での学びの特徴としての5つをあげている。① 日常生活では社会的に意味のある実践活動に参加することのいわば副産物として知識や技能が獲得されるのに対し，学校では知識や技能の獲得自体が目標となる（意図的・意識的目標としての学習），② 学習内容や学習方法が学習者の興味・関心ではなく，教育の専門家に制御されている（教育の専門家の指導のもとでの学び），③ 将来必要な知識技能の基礎，つまり汎用性の高い知識や能力の獲得が目的なので，具体的・実際的文脈から離れた抽象度の高い学びになりやすい（将来志向的な学び），④ 抽象度の高い内容を扱うため，言語的教

示や記号の操作を含む活動が中心となる傾向（言語・記号に基づく学び），⑤実社会では，他者との協同や道具の利用など，状況に分散して知識や技能が保持・利用されるが，学校ではそれらの所有や使用が個人単位で評価される（個人的な性質をもった学び）。稲垣らは，これらの特徴で，今現在の学びの意義が学習者にとって見えづらくなり，学びに対する意欲が低下し，理解を深めようとする意欲を放棄してしまう弊害をもたらしていると指摘している。

学校教育がめざす汎用性，抽象度の高い知識・理解は，日常経験の知識と互いに補い合い，現象への理解の深まりや広がり，また環境とのよりよいかかわりへと寄与してはじめて意義がある。稲垣らの指摘は，学校での学びが，「学校でだけ通用する知識の提供」へと陥りやすい性質をもつことを示唆している。

今を生きる場としての学校　さらに，浜田（2003）は，学校が「将来のためにいま力をつけ，力を蓄えて，やがてその力で生きていく」という素朴な発達観を前提としているとする。そして，この前提自体の妥当性が不問とされ，子どもたちの今現在の生活とは乖離した，将来必要とされる「はず」の力としての「学力」の蓄積だけが求められている現状があるとする。浜田は，将来に備える場としてのみならず，子どもたちが今現在をすごす，生活の場として学校をとらえなおす必要性を主張する。

学校において「将来のためにいま」が求められるのは，「学習」「学力」の領域に留まらない。藤田（1996）は，（将来に備えた）アイデンティティ形成の場として学校が機能してきたことについて，「将来に備える」という目的自体の信頼性や切実さが，社会状況の変化とともに揺らいでいると指摘する。近年教育の現場で噴出してきているさまざまな問題の背景には，そうした社会全体の変化があると藤田はいう。子どもたちが今をすごす場という観点からの学校のとらえなおしは，従来学校が果たしてきた役割や，学校制度が拠って立つ前提に対する問題提起を含んでいる。　　　　　　　　　　　　　　　　　［磯村］

| 参考文献 | 波多野誼余夫・稲垣佳世子　1984『知力と学力』岩波新書
浜田寿美男　2005『子どものリアリティ，学校のバーチャリティ』岩波書店 |

問題30 教室は子どもにとってどのような場か

　子どもは教室で，教師やほかの子どもたちのなか，そして教材を含むさまざまなモノ・道具が配置された物理的環境のなかで生活し，それらとのかかわりを通じて学ぶ。言い換えれば，教室は社会的環境でもあり，認知的環境でもある。教室がもつこの二つの側面について，多様な角度から研究がなされてきた。

　認知的環境としての教室　教室での他者とのかかわりは子どもたちの認知過程にとりどのような意味をもつのだろうか。ブラウンはパリンサーらと，文章理解における他者との**協同学習**，「**相互教授法**」(reciprocal teaching) を設計し，学習者の対象理解に短期的・長期的な効果をもつことを示した (Brown, 1997)。この協同学習では，学習者は，教師や専門家，上級生など多様な知識・理解のレベルの他者と対話する。その対話は，学習内容に関する質問や要約，明確化，予測などで構成され，学習テーマについて協同的・外的に思考するものとなる。また何がわかっていて何がわからないのか，いかに理解できるのかなど，理解に関する理解（メタ認知）の協同的な達成も含んでいた。対話への参加で，学習者個人も学習内容に関する原理的理解がすすみ，学び方に関するメタ的な学習も可能になる。ブラウンは，こうした対話がなされる場を，**学びの共同体** (Communities of Learners) と呼んだ。複雑な活動への共同体での参加は，ヴィゴツキーのいう**発達の最近接領域**に働きかける活動となる。

　社会的環境としての教室　教師が子どもに抱く期待で学業成績が正・負の効果をもたらす教師期待効果 (Rothenthal & Jacobson, 1968) に代表されるように，教師と子ども，子どもどうしの関係は，学習や学校生活全体と深くかかわる。たとえば教室でのルールや規範を守り，円滑な人間関係を築こうとする目標（**社会的責任目標**）への志向があると，それは教師からの受容や教師・級友への適応感へつながり，学習への意欲が高まり，結果として学習成果に影響力することが指摘されている（中谷，1996；出口ら，2006）。

いっぽう，教室での人間関係やそれに対する学級成員の認知を含む教室環境を記述する概念として**学級風土**がある。学級風土とは，各学級が集団全体としてもつ雰囲気や性格，傾向であり，通常は成員が認知した特徴をさす。学級風土は，学習成果や教師を含む成員の満足感，メンタルヘルスなどさまざまな要因と関連する（伊藤・松井，1996）。また，先述のブラウンは，学習者同士が協同し共同体として機能するには，以下のような学級風土が成立している必要があるという（Brown, 1993）① 共同体による探究に成員が共同で責任を負う雰囲気② 大人を含む成員相互の尊敬・尊重，③ 談話の共同体が成立している④ 活動への参加様式がある程度決まっており成員が場の参加構造を認識しやすい，である。

二つが交差する場としての教室　教室での営みはすべて，ある教室で，子どもと教師の具体的なやりとりとして行われる。この意味で，教室環境の認知的な層と社会的な層は，教室内のコミュニケーションでは統合されている（Cazden, 2001）。たとえば，教師の働きかけ（Initiation）→生徒の応答（Reply）→教師の評価（Evaluation），すなわち「I-R-E」連鎖として繰り返される教室特有のコミュニケーションパターン（Mehan, 1979）で，学習が成立し，同時に「評価される者―評価する者」としての教師・子ども関係をつくっている。

Lampert（2001）は，層が交差する場としての授業を教師の視点で，見事に描写する。彼女は，授業とは，たとえば，「まちがった生徒の自尊心を傷つけたくないが生徒がどこにつまづいているのかを知りたい。そのつまづきをほかの生徒たちにも共有させたい」など，複数の要素が絡み合うジレンマの連続である。教師は具体的な行為のなかでそれらのジレンマをなんとか「やりくり」していく。また，子どもたちも同様の「やりくり」を生きている。二つの層は具体的なやりとりのなかで交錯し，教室のなかでの複雑な出来事をかたちづくっているといえる。　　　　　　　　　　　　　　　　　　　　　　　　［磯村］

| 参考文献 | 秋田喜代美　2000『子どもをはぐくむ授業づくり―知の創造へ』岩波書店 |

問題 31 幼保小間,小中間の移行は子どもにとってどうむずかしいのか

環境移行とは何か 人生で起きるさまざまな出来事や移動に伴い,生活の場が変化することを**環境移行**という。幼児期から児童期へ,児童期から思春期へという,発達段階の移行は,個人の発達的変化だけでなく,幼稚園・保育園から小学校へ,小学校から中学校へという環境移行とリンクした,人―環境システムの移行（Wapner & Demick, 1991）として理解される必要がある。それまでの環境とのかかわり方が通用しない新たな環境への移行は,新たな学習・発達の機会となりうる。

移行の難しさ いっぽうで,移行は子どもにとって大きな困難を伴う。近年,「小1問題（プロブレム）」や「中1ギャップ」などの言葉が登場し,移行期をめぐる問題が注目を集めている。前者は,小学校入学後の学級で授業などに参加できず,さまざまな問題行動を示す子どもがみられる現象をさす（新保,2001）。後者は,中学校で不登校やいじめが増加する傾向にあることから,小学校と中学校での生活の間に,スムーズな移行を妨げるなんらかの要因が存在している可能性を示唆した言葉である（児島・佐野,2006）。これらの言葉に共通するのは,校種間の移行が発達のつまづきのきっかけになりうること,また校種間に存在するなんらかの「段差」が要因となっているという認識である。

幼稚園・保育所から小学校への移行 幼稚園・保育所（以下,幼・保）への移行に伴い子どもたちが経験する最も大きな段差は,双方の教育や学習の理念の違いを反映した学習や生活様式の違いである。一般に幼稚園・保育園では,子どもの自主的な遊びを学びの中心とする。このため園では,大きな枠はあるものの,遊びの内容やスケジュールは,多くの場合子どもの興味関心に沿って決定される。いっぽう小学校は,教科の学習内容を授業のなかで学ぶことを中心とする。つまり,授業ではいつ,何を,どのように学ぶかがあらかじめ決まっており,子どもは一斉にその学習のスケジュールに合わせて行動することが

求められる。また授業への参加には、さまざまな暗黙のルールが存在し（教師が話しているときには話さない、授業中は着席する、など）、入学後、子どもたちは教師とのやりとりを通じそれらのルールを身につけていく。子どもたちは、入学の前後で互いに大きく異なった理念に基づきデザインされた場への移行を経験する。さらに、幼・保では、園ごとに雰囲気や生活習慣がかなり異なる。異なる園文化のもとで育ってきた子どもどうしが、生活をともにするなかで、人間関係のネットワークを再編成していく。

小学校から中学校への移行 小学校から中学校への移行の難しさは、小学校高学年から中学校にかけて大きく変化する子どもの**自己意識**の発達と深くかかわっている。中学校入学に伴うさまざまな変化への対応につまずき、自信や自己像が揺らいでしまうことが、移行期の問題の中心にあるといわれている（新潟県教育委員会、2007）。学習面では、中学校になると教科担任制で教科ごとの専門性と独立性が強まり、教科の数も増える。また定期テストや受験など、評価の場面の重要性が高まる。中学生は小学生に比べ授業を難しいと感じている傾向にあり（ベネッセ教育開発研究センター、2005）、学習への負担感を大きく感じているようだ。加えて、塾や部活動など学級以外の場が加わり、子どもの人間関係のネットワークはさらに複雑で多様化する。またこの時期、子どもの心理的支えとなる関係は家族から友人関係へとシフトする傾向にある（尾見、1999）。学校での人間関係は子どもにとって、さらに重要度を増していく。

移行を支える 校種間の移行をめぐり、校種間の段差の実情が、子ども自身や保護者、また教師・保育者間で十分に理解されておらず、また段差が子どもの発達の実態から見て必ずしも意味のあるものとなっていないことが指摘されている（文部科学省、2003）。子ども、教師・保育者を含めた交流や連携を通じ相互理解を深め、子どもの発達や学びの連続性をふまえた新たなカリキュラムやシステムづくりが試みられている。

[磯村]

参考文献
滋賀大学教育学部附属幼稚園　2004『学びをつなぐ～幼小連携からみえてきた幼稚園の学び』明治図書
児島邦宏・佐野金吾　2006『中1ギャップの克服プログラム』明治図書

第7章　家庭生活と家族関係

問題 32　子どものいる世帯を中心に最近の家族生活の現状について述べよ

子どものいる世帯の特徴　2006年の資料によると，わが国では子ども（18歳未満の未婚者）のいる世帯すべてに占める**核家族**世帯の割合は75.6%にまで達しており，三世代からなる世帯はますます減少しつづけている。また最近の傾向としては，ひとり親と未婚の子どもからなる，いわゆる**シングル・ペアレント**の世帯が増加しており，核家族世帯の1割近くを占めるまでにいたっている。

経済状況の悪化　長年続く経済不況の影響もあり，一世帯あたりの平均所得金額は減少傾向にある。18歳未満の子どもがいる世帯では，1996年に737万円であったものが，2006年には718万円にまで減少している。次に述べる，子どものいる女性の就業率の増加傾向には，こうした経済不況の影響も考えられよう。

母親の就業状況と父親の家事育児協力　子どものいる女性の就業率は年々増加傾向にあり，2006年の時点で，子どものいる世帯すべての4割近くを共働き世帯が占めている。なかでも，末子が就園・就学する時期に母親の就業率が上昇する傾向があり，子どもの手がかからなくなるタイミングを待って仕事に復帰しようという女性の心理がうかがえる。いまや，家庭のなかで母親としての役割にすべての精力を傾ける時代ではなく，社会に生きる一人の人間として自分を磨きたいという願いが女性に強く存在することはまちがいない。いっぽう，男性の家事育児への参加は妻の就業の有無にかかわらず依然として少なく，諸外国に比べ，家事育児の負担は圧倒的に女性に偏っている。男性の側も，30代，40代を中心に「家族とすごす時間が十分に取れていない」「子どもと接する時間が短い」という意識はもちながら，仕事中心の生活から脱することができないというのが本音かもしれない。政府も，**家庭と仕事の両立支援**の一環と

して**育児休業**制度の充実化をめざしているが，男性の育児休業取得者は依然として少なく，わずか0.57%にとどまる。この背景には，所得が減ることや昇進昇級が遅れることへの懸念があるものと指摘されているが，育児休業を取りにくい雰囲気が職場はじめ社会全体に広がっていることも確かである。このようななか，**ワーク・ライフ・バランス**と称して，仕事と家庭そしてプライベートを両立した働き方ができるような仕組みづくりが一部の企業で進んでおり，生き方全般にわたる価値観の転換が今後期待される。

　子どもが家族とすごす時間　家族とすごす時間を大切にしたいという思いだけはもちながらも仕事に多くの時間と労力を費やしつづける父親と，夫には家事育児への参加が十分に期待できない現状に不満をかかえつつ，家事育児から離れ「自分」を生かした生き方を求める気持ちが強い母親という構図のなかで，子どもはどのような生活を送っているのだろうか。内閣府の調査（2007）によると，平日に親と接触する時間が少ない子どもが増えており，父親とは「ほとんどない」が23%，母親とも「30分以下」が24%となっている。親自身が忙しいことがこのことの背景にあるのは確かだが，子どもたちもまた学習塾やけいこ事に忙しいことが示されている。たとえば，就学前の5歳の時点では習い事をしていない子どもが4割あまりであるのに対し，小学校では2割にまで低下し，学習塾や予備校に通う小学生が全体の3割にのぼる。家族での触れ合いが減少していることは，食事のデータにもはっきりとあらわれている。朝食を子どもだけで食べる割合は，小学校低学年では1993年に27.4%であったものが2005年には40.9%にまで上昇している。夕食を子どもたちだけ，もしくは一人で済ませる割合も年々増加傾向にあり，この現象は「**孤食**」とも呼ばれて近年の**食育**ブームのきっかけとなった。小学校高学年では，テレビを見ながらの食事が「いつも」ないし「だいたい」である割合が66.4%に及んでおり，家族で会話をしながら食事を楽しむという風景はだんだんと少なくなってきているのかもしれない。
　　　　　　　　　　　　　　　　　　　　　　　　　　　　　　　　［小島］

| 参考文献 | 柏木惠子・大野祥子・平山順子　2006『家族心理学への招待』ミネルヴァ書房
日本子どもを守る会編　2007『子ども白書』草土文化 |

問題 33 家族関係について理解するための方法やその際に必要な視点について述べよ

「家族発達」という考え方　家族は，夫婦，親子，きょうだいなどそれぞれの役割に応じたさまざまな関係を包含する集合体ととらえることができる。そして，家族の構造や機能はメンバーそれぞれの発達や変化に対応しながら絶えず変化しつづけている。**家族発達**を段階的にとらえる視点においては，「結婚により新しい家族が誕生し，子どもが出生するまでの時期」「子どもの出生から末子の入学までの時期」「子どもが小学校に通う時期」「青年期の子どもがいる時期」「子どもが家を離れ巣立っていく時期」など，いくつかの時期を想定するのが一般的であり，それぞれの時期の家族に特有の課題があるとされる。

親子関係のとらえ方：養育スタイル　子どもが育つ場として家族を位置づけた場合，子どもを取り巻く関係の基盤をなすのは親子関係にほかならない。親子関係を理解するための方法はさまざまであるが，親の**養育スタイル**に着目するのも一つである。(1) **権威的**（authoritative）**な養育**：子どもの様子に注意を傾け，受容的にかかわることを特徴とする。子どもの発達に沿って適切に子どもの行動を統制し，いっぽうで子どもが徐々に自立していくことに対しても寛容である。(2) **権威主義的**（authoritarian）**な養育**：子どもへの受容的なかかわりが少なく，一方的に大人の目線で子どもの行動を統制する。子どもの自立に対しても寛容でない。(3) **放任的**（permissive）**な養育**：子どもに対する態度は肯定的だが，過剰に甘やかす傾向があり，実のところ子どもの発達の状況にきちんと注意を向けていない。発達に沿って適切なタイミングで子どもの自立を受け入れていくというよりむしろ，その場の子どもの意向に任せてなすがままにさせる傾向が強い。(4) **無関与的**（uninvolved）**な養育**：子どもへの受容的なかかわりがほとんどみられず，子どもの行動を統制することもない。また，子どもが発達に沿って自立していくことへの関心が低い。以上の4つの養育スタイルのうち最も適応的とされるのは(1)で，この場合，子どもは親

に対して安心感や信頼感をもちやすく情緒的にも安定していることが，さまざまな発達段階の子どもを対象とした研究から示されている。なお，親の養育スタイルは，親側の要因ですべてが決まるのではなく，子どもの気質的特徴が親をそうした養育スタイルに向かわせるという面があることも忘れてはならない。

家族システム論　親子関係をとらえる際に注意すべきは，その関係がほかから独立してそこに存在するのではないという点である。たとえば，ある子どもと母親の関係は，**父子関係**がどのようなものであるかによって左右されよう。父親がきわめて厳格で権威主義的である場合，母親は反対に子どもに対して過剰に許容的な態度を示すかもしれないし，父親の態度に引きずられるように自分も権威主義的な態度をとるかもしれない。また，親子関係と両親の夫婦関係とが互いに関連するという指摘もある。つまり，夫婦仲が良好でない場合は，母親から子どもへの行動が否定的かつ拒否的である傾向が強い。以上のことからもわかるように，家族内のメンバーどうしの関係がどのようであるかは，ほかのメンバーどうしの関係に依存しており，それらが密接かつ複雑に絡み合って家族が一つの構造を成しているのである。このような考え方が**家族システム論**の基本的な立場で，家族療法家による臨床的援助はほぼ，この考えに基づいて行われている。

家族機能　家族システム論においては，**家族機能**という概念が用いられる。この用語は，その家族が有機的な集合体として機能しているかどうかを意味し，**柔軟性**，**適応性**，コミュニケーションの三つの次元で機能性をとらえる。柔軟性，適応性を適度に保ち，コミュニケーションが密であることが重要とされる。

文化や歴史的背景に埋め込まれた家族　家族が一つのシステムとして機能しているかどうかは，文化的，歴史的背景によっても異なる。たとえば，母親は家事や育児に専念するのが当然とされた時代と，子どものいる女性も社会に進出すべきとする考えが一般的となった現代とでは，家族システムの様相や機能についても違いがあることが容易に想像されよう。　　　　　　　　　　　［小島］

| 参考文献 | 亀口憲治　1992『家族システムの心理学』北大路書房 |

問題 34 きょうだい関係の発達やかかわりを通じて得られることについて述べよ

きょうだい関係の成立 きょうだいは，誕生から死にいたるまで，その人の生涯ほぼすべてにかかわる重要な存在といえる。一般には，第一子として誕生した子どもに弟（ないし妹）ができたときがきょうだい関係の開始を意味する。弟妹の誕生は，第一子にとって家族が増えた喜びを実感する出来事である反面，不安をもたらす経験でもある。これまでのように親（とりわけ母親）から十分に構ってもらえなくなることがストレスとなり，周囲の他者や物への攻撃的な振る舞いのほか，引きこもりや"赤ちゃん返り"など，退行と呼ばれる現象を生じやすくなる。だが，以前とちがって最近では，退行は病理的なものではなく親の注意を自分にひきつけようとするための，いわば生物学的な基盤をもつ適応行動ととらえられるようになっている。

乳幼児期から児童期にかけてのきょうだい関係 発達初期のきょうだい関係は，さまざまな面において相対的に能力が優れている年上のきょうだいが弟妹をリードするかたちで展開することが多い。したがって年上のきょうだいが弟妹に対して寛容かつ支援的に振る舞うほど，きょうだい関係は親和的になりやすい。ところが，弟妹の活動性が高まり自己主張がさかんになる1歳すぎから幼児期にかけては，おもちゃや遊び方をめぐるきょうだい間の対立が増え，親の仲裁が必要なこともたびたび生じる。親の仲裁の頻度やタイミング，仲裁方法はさまざまだが，きょうだいが互いの気持ちに気づけるような働きかけがきょうだい関係に大きく作用する。すなわち，きょうだいの互いへの行動がどのような感情や意図に基づいたものであったかを第三者的な立場で根気強く伝えることが，きょうだい関係の発達にプラスの効果をもたらす。ある縦断研究によると，そのような仲裁を頻繁に行った母親とそうでない母親を比べた場合，前者においてのほうが幼児期後半から児童期にかけてのきょうだいの対立が少なく，親の助けを借りずに自律的に対立を回避し，かつ自分たちの力で対立を

解消していたという。

きょうだいのかかわりと文脈　きょうだい関係の親和性や対立の程度には，そのきょうだいがおかれた文脈の影響も無視できない。通常は母子間のアタッチメント関係を測定するのに用いられるストレンジ・シチュエーション法の手続きを用いた研究によると，きょうだいだけが残された部屋にストレンジャー（見知らぬ大人）が入室してくる場面では，年上のきょうだいの傍に弟妹が密着し，年上のきょうだいが保護的に振る舞う様子がかなりの割合で観察されることがわかっており，危機的な状況においてはきょうだいの親和性が活発化するようである。同じことは，親が離婚した直後である場合や家族がそろって見知らぬ土地に転居した直後のような場合にもみられる。

家族システム論的な立場からみたきょうだい関係　きょうだい関係を家族システム論的にとらえることの必要性も指摘されている。とりわけ乳幼児期から児童期にかけてのきょうだい関係には，**親からのかかわりのバランス**がどの程度一方の子どもに偏っているか，またそれを子ども自身がどう認識しているかが影響するといわれる。子どもが発達初期である場合，親は年下の子どもとのかかわりに多くの時間や労力をかける傾向があり，きょうだいが対立した場面でも年下の子どもを擁護する立場を取りやすい。ところが，そうしたバランスの偏りには個人差があり，その偏りが大きいほど，きょうだい間の親和性が低く，反発的なかかわりが多いことが確認されている。

きょうだいとのかかわりを通じて得るもの　年上のきょうだいにとって弟妹とのかかわりは，すべてが自分の思いどおりにいくわけではないと知る大切な機会であり，**自己コントロール**や**情動制御**の発達を促すことが指摘されている。また，年下のきょうだいにとって兄姉とのかかわりは，**他者理解**や**視点取得能力**の発達を助ける役目を果たすことが指摘されている。　　　　　　　［小島］

| 参考文献 | 南徹弘編　2007『朝倉心理学講座3　発達心理学』朝倉書店 |

問題 35 親研究の歴史的背景ならびに親としての成長・発達の概要や現代的事情について述べよ

親研究の歴史　かつては，子どもができれば当然のように人は親としての資質を備えていくものと考えられていた。子どもが生まれ生物学的に親となることと心理社会的に親となることは，イコールでとらえられていたのである。ところが近年，この考えは必ずしもすべての人に該当するわけではないことが指摘されつつある。親もまた子どもとともに生活するなかで多くの戸惑いや不安を経験し，そのなかで少しずつ親として成長し，親に「なっていく」のだという。こうした考えが広まったことの背景には生涯発達的な視点の導入がある。従来，人の発達はさまざまな能力が獲得されていくまで，すなわち誕生から青年期あたりまでを念頭に置いてとらえられることが多かった。それが，生涯にわたって絶え間なく発達を続けていくのが本来の人なのだと認識されてきたのにしたがい，成人期以降の発達についても精力的に研究が行われるようになり，その流れのなかで**親としての発達**，**親となることによる発達**にも注目が集まるようになったのである。親研究がさかんに行われるようになったもう一つの背景は，**育児ストレス**や**児童虐待**が大きな社会問題として注目されるようになったことが関係している。最近は，少子化が進み子どもの数が著しく減少するなかで，自分で子育てを始めるまで一度も子どもの面倒を見たことがないという世代が出現し，親になることのハードルの高さが指摘されている。また，それにもかかわらず，子どもができれば親として立派に振る舞って当然とする伝統的な価値観は依然として残っており，その圧力が育児を過剰にストレスのかかるものと認識させている可能性がある。子どもができればすぐさま一人前の親になるという考えはそもそもまちがいであり，不安やストレスをかかえながら，それでも子どもと向きあいながら少しずつ親として成長していくのが本来の姿だという認識が広がっていくことが必要である。

親となることによる発達　子どもが生まれることで親の心理にはどのような

変化が生じるであろうか。先行研究（柏木・若松，1994）によると，親になることによる心理的な変化は6つの領域に分けることができる。その6つとは，① 柔軟性（「考え方が柔軟になった」など），② 自己抑制（「自分のほしいものなどが我慢できるようになった」など），③ 視野の広がり（「児童福祉や教育問題に関心をもつようになった」など），④ 運命と信仰の受容（「人間の力を超えたものがあることを信じるようになった」など），⑤ 生きがい（「生きている張りが増した」など），⑥ 自己の強さ（「自分の立場や考えはちゃんと主張しなければと思うようになった」など）である。この各領域の発達について女性（母親）と男性（父親）の比較を行ってみると，男性より女性のほうが概して大きな変化を経験しているという。これには，女性のほうが圧倒的に子どもにかかわっている時間が長いことが影響している。なぜなら，男性のなかでも積極的に子どもにかかわっている人とそうでない人を比べると，前者の男性のほうが，親になったことで成長・発達したとする意識が明らかに高いからである。子どもに寄り添うことではじめて経験される悲喜こもごものさまざまな経験が，親としての，ひいては一人の人間としての成長を生み出すと思われる。

女性のライフコースと親意識　一般に男性は，子どもの誕生以降，家計を担う稼ぎ手として社会や仕事にかかわる意識を高め，いっぽう女性は親（母親）としての意識を高めていく。この背景には，子どもを産んだ女性のおよそ7割が仕事を辞めるという事情がある。仕事を続けたいと願いつつも制度上の制約などから不本意ながら退職を決断し，母親としての役割に身を投じるケースが多いのである。そうした女性の多くは，慣れない子育てに不安とストレスを感じながらも，本来の「自分」を生きたいとする意識を常にもち続けているという。現在の生活へのそうした自己不全感や焦燥感が育児に対するストレスをさらに高めているケースもあるが，さまざまな方法でそうした気持ちに折り合いをつけ葛藤を解消していくことが，親としての成長を促してもいる。　　［小島］

参考文献　コーワン, C.・コーワン, P.　2007『カップルが親になるとき』勁草書房
東洋・柏木惠子編　1999『社会と家族の心理学』ミネルヴァ書房

問題 36 マルトリートメントの分類や特徴，背景要因のほか，予防・介入策についても述べよ

児童虐待防止法の整備 わが国において児童虐待防止法が制定されたのは1933年である。だが，当初の法律では，明らかに虐待が疑われるケースでも親がそれをしつけの一環だと主張し，**養育権**を盾に子どもを手放すことに抵抗を示した場合には，強制的に介入することが認められていなかった。その後数十年のときを経て，1990年前後から児童相談所職員や医師らを中心に虐待関係の研修会や勉強会が活発に行われるようになり，子どもの安全・保護を最優先に掲げる法律の整備が必要との認識が広がった。こうして2000年に児童虐待防止法（児童虐待の防止等に関する法律）が制定され，子どもの生存に危険が及ぶ可能性がある場合には，たとえ親がそれを認めなくても保護し児童相談所などに一時入所させることが法的に認められたのである。児童相談所における虐待相談処理件数は1990年度には1100件ほどであったものが，2008年度には4万2000件あまりとなっている（厚生労働省，2009）。

虐待の分類と一般的特徴 児童虐待とは，簡単に述べれば，親または親に代わる保護者が，子どもの望まない不適切な行為を意図的ないし無意図的に行うことをいう。これに対し諸外国では，虐待よりも広い概念として「マルトリートメント」という用語が定着しており，養育者のみならず学校や塾などの教師や保育所の保育士による虐待行為，さらには福祉的観点からみて将来問題が深刻化する危険が高いケースもこれに含むことが多い。児童虐待は通常，① **身体的虐待**，② **性的虐待**，③ **ネグレクト**，④ **心理的虐待**の4つに分類される。内訳をみると，例年，身体的虐待とネグレクトがそれぞれ4割内外と大半を占め，これに次いで心理的虐待が2割弱，残りが性的虐待となっている。主たる虐待者は，実母が6割強，実父が2割強と全体の8割以上が実親によるもので，子どもの年齢構成としては，小学生が4割近くにのぼり最も多く，3歳以上の就学前児の2.5割程度，3歳未満児の2割弱がこれに続く。

虐待を生みだす背景要因　児童虐待の背景には，夫婦仲の不和，**社会的サポートの欠如**，経済的困窮のほか，子どもの気質的難しさや発達の遅れ，親のパーソナリティなどがあげられるが，最もよく話題にのぼるのは親（とくに母親）自身の被虐待経験であろう。このことは**世代間連鎖**とも呼ばれ，虐待を受けた経験をもたない人に比べ，受けた経験のある人のほうが，虐待を行うケースが多いという統計的資料もある。だが注目すべきは，幼少期に虐待を受けた人のすべてが虐待を行うとは限らず，むしろそうでない人のほうが多数を占めるという事実である。虐待を受けた経験をもちながらもいまは幸せに子育てをしている人の生育過程を調べてみると，幼少期以降の逆境のなかでも豊かな人間関係に恵まれ，十分な支援を受けて家族の再統合を果たした人や，信頼関係に満ちた配偶者と出会い安定した結婚生活を送っている人など，周囲からのサポートが虐待の防御要因となることがわかっている。同時に，虐待を受けた経験をもたない人でも，さまざまなリスク要因が重なると自分の子どもを虐待の対象にしてしまうことが指摘されており，そのような意味においても虐待の背景要因は単純には同定できないことがわかる。

虐待への介入と予防策　虐待に対しては何よりも早期介入が重要だといわれる。また，介入にあたっては，必要に応じて児童相談所，福祉関係者，保健所，医療従事者，保育士，学校などの関係諸機関が連携し，チームを組んで問題にあたることが必要である。**虐待の予防策**としては，子育てにストレスや困難感をかかえながらも，十分な支援が得られず孤立している親へのきめの細かい支援が重要といわれており，最近ではコミュニティ全体を巻き込んだ家庭訪問支援のほか，電話相談業務などの充実化も進みつつある。このほか，子どもに触れる経験がないまま親になっていく人が今後も増え，そのことが児童虐待の遠因になるとも考えられることから，高校生などを対象にした保育体験実習などの取り組みにも注目が寄せられている。　　　　　　　　　　　　　　　　［小島］

参考文献	杉山登志郎　2007『子ども虐待という第四の発達障害』学習研究社

第8章 学校と仲間関係

問題 37　子どもの仲間関係の特徴と意義について述べよ

仲間関係の意義　子どもの仲間との友人関係は，親や教師との関係とは異なり，お互いの立場の「対等性」，関係を築くときの「自発性」，あらゆる面で影響しあう「相互的互恵性」に特徴づけられた関係といえよう。この**仲間関係**は，社会的能力の発達や精神的安定性の獲得など，子どもの成長に大きく影響することが広く指摘されている。とくに，友人と仲良くする親密性や援助性の経験以上に，友人と欲求がぶつかり合う経験から，自分の思いどおりにならない一定のルールの存在や，相手にも自分と同等に尊重されるべき欲求があることなどを学ぶことは，他者の視点を理解したり，自分たちの手で問題や危機を乗り越える方略を獲得するうえで大変重要である。このように，個性豊かな友人との多様な社会経験のチャンスが豊富な仲間関係は，その後の人生において貴重な知恵を体得する場としての機能をもつ。

仲間関係の発達　生まれて間もない新生児でもほかの新生児の泣き声に反応し，月齢12～18カ月ごろの乳児が大人よりも自分と同じ乳児に強い関心を示すことから，誕生後ごく早い段階から仲間の存在は子どもに影響を与える（Lewis, et al, 1975)。幼児の仲間関係について，パーテン（Parten, 1932）は遊びの観察から，2歳ごろまではほかの子どもが側にいても，ものや会話を媒介したやりとりは行われにくいのに対して（並行遊び），3，4歳になると，子どもどうしで同じ遊びを楽しみ，おもちゃの貸し借りや自分たちの遊びに関する会話が出現し（連合遊び），共通の目標に向けて役割を分担する遊び集団ができてくることを明らかにしている（共同遊び）。このころの仲間関係はお互いの近接性に左右される流動性が強く，また，6歳ごろまでは自分自身の利益を優先させる傾向が顕著なため，お互いの欲求・興味を調整して協力しあうことは難しい。児童期にはいると，学校という場で仲間との共有時間が増えて，特定

の友人と親密な関係を形成するようになる。バーメスターとファーマン（Buhrmester & Furman, 1986）は，各発達段階に出現する社会的欲求とその充足の鍵となる対人関係について検討し，幼児期までの親の絶大な影響力に対して，児童期以降は，仲間集団や友人関係の役割が増大することを示した。また，小学校中学年ごろには，緊密で結束力の強い数人からなる仲間集団が出現する。これは**ギャング・グループ**と呼ばれ，自分たちにしか通じない暗号やルールを創作し，仲間への忠誠心とほかのグループへの排他性を特徴とする。小学校高学年ごろには，ほかの仲間とは一線を画すより親密な「**親友**」をもつようになる。ただ，この児童期の仲間集団は，その幼さゆえの危険性もはらんでいる。たとえば，先にもあげた排他性から，異なった者に対する露骨な反発や攻撃が生じたり，不平等やえこひいきに敏感なため，主観的感覚としての「平等」を取り戻すための批判や攻撃は簡単に是認されたりする（松村，1994）。

　中学生以降，青年期に入ると，既成の枠組みや規範に抵抗を感じはじめ，ここからの脱却と親からの自立への動きが顕著となる。このとき，同様の不安や悩みをかかえる同年代の仲間との深い結びつきが子どもたちの不安定な心を支え，より開かれた新しい自己を確立するための大切な役割を果たす。

　仲間関係の変化　このところ，子どもたちの仲間集団や友人関係が変容してきており，表面的な楽しさや親密さを求める傾向や，関係が深まることを恐れる傾向が強いことが指摘されている（岡田，1995）。自分のことをわかってほしい，認めてほしい思いは根底にあっても，嫌われるのも傷つけあうのも恐れるため，「親友」であっても，むしろ「親友」だからこそ，本音でなんでも話すわけにはいかず，相手との距離感を探り合うつきあいに気を使う。また，誰かと一緒にいないと不安を覚える傾向も強いため，クラス替えのあとなどには，お互をよく知らないきわめて早い段階でグループが形成され，そのグループに縛られる傾向も認められる。これらの子どもたちの傾向には，**社会的スキル**の未熟さや**自尊感情**の低さなどが関係していると考えられている。　　　　［遠矢］

参考文献	堀野緑他編　2000『子どものパーソナリティと社会性の発達』北大路書房

問題 38　子どもの仲間関係を育む社会的スキルとは

社会的スキル　スキル研究は，もともと運動スキルの分野から始まった。たとえば，字を書く指導においては，鉛筆の持ち方，力の入れ方，字のバランスの取り方など，子どもたちがうまく字を書くための基本的スキルを具体的な行動レベルで教える一連の指導法が工夫されている。このような考え方を人の対人行動に適用したものが社会的スキルであり，言語的および非言語的表現がかかわっている。**社会的スキル**は，人づきあいのスキルともいわれ，他者との人間関係を円滑に進める具体的行動であり，人間関係に関する知識と具体的な技術を表す。また，社会的スキルは，遺伝や性格によって決まるものではなく，運動スキルと同様に学習可能であることと，スキルが階層構造をもつと考える点が特徴である。

子どもに必要な社会的スキル　子どもの社会的スキルは，家庭や学校におけるさまざまなかかわりのなかで発達する。とくに児童期以降，子どもにとって仲間関係の重要性が高まるため，仲間集団から受容され，友だち関係を形成することにかかわる社会的スキルの獲得は重要な課題となる。佐藤（1998）は，子どもの代表的な社会的スキルとして，「主張性スキル」「社会的問題解決スキル」「友情形成スキル」の三つをあげている。

いっぽう，庄司ら（1990）は，児童の社会的スキルには「共感・援助的関わり」，「積極的・主張的関わり」という正のスキル，「からかい・妨害的関わり」，「拒否・無視的関わり」という負のスキルがあることを示した。このうち，正のスキルは女子のほうが男子よりも多く用いる傾向にある。また，負のスキルである「からかい・妨害的関わり」に関しては，人をからかうことは，相手を不快な気持ちにさせたり，度を過ぎるといじめにつながる危険性を含んでいるにもかかわらず，学年が上がるにつれてこのスキルは増加する傾向にある。とくに男子の場合は，そのときの状況や自分と相手との関係に応じてからかいの

スキルをうまく使える子どもが仲間に高く評価され，からかうかかわりが許され，お互いにそのやりとりを楽しむ感覚を共有することも，友人関係形成と深化に欠かせない要素であると考えられる。

　社会的スキル不足による仲間関係の困難　仲間を誘ったり，仲間に入れてもらうことに関連したエントリースキルは，楽しい学校生活をおくるうえで大変重要である。この社会的スキルは，具体的な言葉かけの内容や声かけのタイミングに加えて，友だちに向ける表情や声の大きさなど，言語的・非言語的表現をトータルに用いることが求められる。仲間が遊んでいるところに自分も入りたいと思っている場面を例にとって，社会的スキル不足が原因と考えられる困難について考えてみよう。

　まず，必要な社会的スキルに関する知識が不足・欠如しているタイプである。このタイプの子どもは，そもそも一緒に遊びたい思いを仲間にどう伝えれば快く受け入れてもらえるのかがわかっていないために，うまく行動できない。第2に，必要な社会的スキルについての知識はあるが，その遂行ができないタイプである。この子どもは，「入れて」と言って承諾を得ればよいという知識はあるものの，タイミングよく適切に使うことができない。第3に，不適切な社会的スキルを学び，遂行してしまっているタイプである。このタイプの子どもは，仲間に入りたい気持ちを伝えるのに，わざと相手のじゃまをして注意を引いたり，すねた言動をするなど，本来の目的達成（この場合は遊びに入れてもらう）には有効でない，むしろ逆効果である不適切な行動をとってしまう。

　このような社会的スキル不足に対して，スキルを学習させる訓練が考案されている。佐藤（1998）は，**社会的スキル訓練**の流れとして，①言語的教示，②モデリング，③ロールプレイングと繰り返し練習，④フィードバックと強化，⑤自然場面での指導という5つの段階を提示し，学校場面においても，一般の子どもたちの社会的スキルの向上や，攻撃の傾向や引っ込み思案等やや問題行動が認められる子どもを対象に予防的視点から導入している。　　［遠矢］

参考文献	菊池章夫・堀毛一也編著　1994『社会的スキルの心理学』川島書店
	「社会性を育てる」2003『教育と医学』第51巻10号604号　慶応義塾大学出版会

問題 39 いじめのメカニズムを理解するには

　いじめは，社会的ルールに反したやり方で優越と支配の欲求を満たそうとする行為である（大渕，2006）。いじめは，友人どうしのからかいに見えるものから重大な犯罪行為にいたるものまで行為自体が多様だが，行為の特性に加えて，いじめ被害者がその行為をいかに認知するかがいじめ特定に重要となる。

　坂西（2004）は，いじめは被害者，加害者，観衆，傍観者の4つの層から構成され，その特徴として，①繰り返し行われる，②一人または複数の相手から否定的言動・傷害行為を受ける，③意図的な攻撃である，④被害者は加害者より心理的身体的に弱者である，⑤グループないしは集団内で生じる現象である，⑥集団内のグループダイナミックスを背景に生じる点をあげている。このように，いじめには，いじめ加害者対いじめ被害者の関係にとどまらず，その関係を取り巻く集団構造的特性が大きく影響するため，学校という集団生活の場は，もともといじめが発生しやすい構造をもつといえる。しかし，もちろんいじめは「学校」だけの問題ではなく，「家庭」，「社会」の三つの次元で，それぞれ解決すべき問題に取り組むことが肝要である（山中，1996）。

　いじめ加害者の心理　いじめを減らし克服するためには，いじめが起こるメカニズムを理解し，**いじめ加害者**の心理状態をとらえる必要がある。八尾（1996）によると，いじめ加害者には，①相手の痛みに鈍感でおもしろ半分にいじめる未熟さ，②いじめ被害者の言動に対するむかつきからいじめるストレス耐性の未熟さ，③自尊感情の低さや親や教師との受容的関係の欠乏など愛情欲求不満からくる未熟さ，④その場にのみ込まれて自己コントロールを失ってしまう未熟さという，4つの未熟さが関与している。また，堀田（2004）は，権力を剥奪された子どもがより弱者をいじめることで権力への欲求不満を緩和する「満たされない権力欲」，自分の万能感を守るために，これを映し出す鏡としていじめ被害者を必要とする「傷つきやすい自己愛」，過保護によっ

て欲求不満耐性が弱く自己の快楽を他者の痛みよりも優先させる自己中心的な「肥大した自我」といったメカニズムがいじめにかかわると指摘した。これらより，いじめ防止には，非は非という毅然とした態度での指導とともに，いじめ加害者の自尊心の脆さや無力感を，社会や学校そして個人レベルで理解し，子どもが自らの言動をコントロールできるよう支援し続けることが重要となる。

　いじめ被害者の心理　いじめ被害者になるきっかけはどこにでもあり，仲のよい友人どうしであっても危険性は伴う。とくに，小学校高学年の女子では，男子やほかの年代に比べて親しい友人関係のなかのいじめが多い。いじめの被害経験は心身に深刻な影響を及ぼし，睡眠障害，食欲減退，頭痛，嘔吐などの身体的症状，抑うつ，不安，気分の変動などの心理的症状，そして，人とのかかわりを避けて部屋に引きこもるなどの行動面の変化としても現れる。また，いじめ被害経験は，その後の学校適応感や友人関係に対する不安や懸念に影響する場合もある（三島，2008）。

　いっぽうで，いじめ被害者が，自分がいじめられている状況を認めることは大変困難である。子どもたちは，家族に心配をかけたくないため，周囲に自分がいじめられていると思われたくないため，自分のプライドが傷つかないため，いじめの事実を隠したり，無理して普通を装って苦しんでいる。このように，いじめは周囲の目から巧妙に隠された場所で発生しがちであるだけでなく，いじめ被害者が自ら相談をもちかけることも少ないために，外からは見えにくい。

　いじめへの対応　したがって，親や教師は子どもの日常生活に認められる小さなサインを見逃さない目をもち，子どもが心に受けた傷に応じた適切な対応を行う必要がある。そのため，学校現場には，いじめに組織的対応ができるシステムが求められており，担任教師には，いじめ防止の観点からも，学級の適切なルールの設定と遵守への支援，子どもどうしおよび子どもと教師とのリレーションづくりをとおして，メンバー全員が自己肯定感をもてる学級風土の形成が求められている。　　　　　　　　　　　　　　　　　　　　［遠矢］

参考文献　坂西友秀・岡本裕子編著　2004『いじめ・いじめられる青少年の心』北大路書房

問題 40　子どもの学校経験を支える教師の役割について述べよ

　子どもにとっての学校経験　学校は，文化の伝達を担う教育機関であり，教科学習を中心とした学習活動によって基礎学力の習得と**知的発達**を促し，道徳教育や特別活動，さまざまな行事への参加をとおして子どもたちの**社会的発達**を支援する。就学後の子どもにとって，学校は長い時間をすごす重要な生活の場となるため，学校での経験は子どもの心身の発達に大きく影響する。とくに，学級という同年齢の集団のなかで，子どもはお互いの類似や相違に気づき，欲求の衝突やさまざまな競争経験，協力して何かをやり遂げる経験などを積み重ねながら，技能や**社会性**を獲得していく。さらに，ほかの子どもどうしのかかわりあいの様子を観察することも貴重な経験となる。

　また，家族や子どもの生活スタイルの変化，および都市化などによる地域社会の変容によって，仲間集団の形成に欠かせない「遊び仲間」「遊び時間」「遊び空間」が脆弱化しつつある今，子どもたちの豊かな経験を支える場として，この三つの「間」を提供できる学校の役割はますます増大すると考えられる。

　子どもの学校経験を担う教師　担任教師は年度初めに，一年間という限られた時間のなかで受けもった学級をどのように育て，子どもたちをどう成長させたいか，自らの教育理念に従って具体的な**学級目標**を設定する。目標の内容や目標設定方法にも教師独自の工夫や個性が表れるが，どの学級においても，教師の特性が子どもの学校生活に影響を与えることはまちがいなく，とくに，小学校では一人の担任教師とのかかわりが深いため，子どもの学校経験は担任教師によって左右される度合いが強いといえる。

　豊かな子どもの学校経験を支える教師の役割　教師は，子どもたちの学力を含む総合的な人格的成長を促す役割を担っている。近藤（1994）は，教師の子どもへの働きかけには，子どもをさらに一歩前進させる働きかけと，子どもが抱く緊張や不安を和らげる働きかけがあり，優れた教師はこの二つをバランス

よく行うと指摘している。前者の働きかけは，子どもの学力や運動能力の向上とさらに先をめざす力を養うために不可欠であるのに対して，昨今の子ども自身や子どもを取り巻く環境の変化に対する懸念から，とくに後者の働きかけが重視されてきている。管野（2008）は，「安心できる」「楽しい体験をする」「認められる」の三要素からなる「心のエネルギー」が子どもの心の元気や意欲の素ととらえているが，後者の働きかけは，学校場面でこのエネルギーを充電する教師の役割を表すといえよう。

　子どもは教師の意図を超えて日々さまざまな肯定的，否定的経験に遭遇するし，教師の働きかけが常に実を結ぶとは限らない。学級全員に向けた教師の働きかけであっても，各々の子どもに与える影響の強さや方向性は必ずしも一様ではない（遠矢，2001）。それでも，子どもが安心できる居場所の提供と教師や子どもどうしが認め合う関係づくりを基盤として，子どもの潜在的な力を引き出す仕掛けを継続して行うのが教師の役割であろう。

　ある教師の実践　小学校のA教師が子どもに最も伝えたいのは，「教室はまちがってもよい場所」という点であった。子どもが安心して"まちがえられる"学級の土壌づくりとして，子どもたちの出番と交流を演出するさまざまな学級行事を企画する一方で，授業でも子どもの多様な学びのかたちを大事に取り上げた。この過程で，それぞれの子どもには独自のやりやすい方法があることに気づき，たとえスタンダードでなくても目標に到達できるのであれば，全員が同じ方法をとる必要はないと考えるようになった。そこで，個々の子どもが得意な学び方に適合した複数の教材を工夫したところ，画一的なやり方では苦戦したであろう子どもも満足感のある達成経験ができると同時に，子どもたちが次第にお互いの違いやまちがいを'おもしろい刺激'ととらえるようになって，結果的にA教師の学級は「まちがってもよい場所」となった。　　［遠矢］

| 参考文献 | 近藤邦夫　1994『教師と子どもの関係づくり』東京大学出版会 |

問題 41　子どもの学校生活に影響する学級風土について述べよ

学級風土　同じ人数の子どもが集まった学級であっても，落ち着いた学級，騒々しい学級，活気のある学級など独自の空気が生まれる。このような学級全体がもつ個性は**学級風土**と呼ばれ，机の配置や掲示物，整理整頓状況など学級の物理的特徴，個々の子どもの個性，子どもどうしの関係性，教師の子ども集団へのかかわり方など，多次元的要因が影響しあって醸成されると考えられる。

学級風土はさまざまな観点からとらえる試みがなされてきた。まず，**学級雰囲気**について吉崎・水越（1979）は，「生き生きした-沈んだ」などの形容詞対で質問するSD法を用いて検討し，「活発さと明るさ」「規律とまとまり」「優しさと温かさ」の3因子を見出している。**スクールモラール**は，たとえば三隅・吉崎・篠原（1977）による5段階評定の質問紙によって「学級連帯性」「学校満足度」「学習意欲」「級友との関係」「規律遵守」の5因子でとらえられている。また，伊藤・松井（2001）は，「学級活動への関与」「生徒の親しさ」「学級内の不和」「学級の満足感」「自然な自己開示」「学習志向」「規律正しさ」「学級の公平さ」の8尺度で構成される学級風土質問紙を開発している。

学級は，子どもたちが日々多くの時間をすごす生活の場であるため，学級風土特性は，子どもの学校生活の質や学業成績も大きく影響すると考えられる。また，学級風土は必ずしも固定的ではなく，日々のメンバーの相互作用や学校行事，学級における重要な出来事などの節目をもって変動する。遠矢（2001）は，小学校の単学級編成の学級において，担任教師が交替すると学級風土が大きく変化することを見出しており，このことからも，教師の指導態度や言動は，学級風土を左右する最も重要な鍵の一つといえよう。

教師の指導態度・行動をとらえる　三隅・吉崎・篠原（1977）は，**教師の指導態度・行動**の特徴を，生活・学習全般にわたるしつけや訓練に関連した課題遂行機能（performance function: P機能）と，教師の児童・生徒への親近性や配

慮に関連した集団維持機能（maintenance function: M機能）の二次元の組み合わせでとらえる **PM式把握方法**を提示した。一般的には，両機能を兼ね備えたPM型教師のもとで凝集性の高い学級集団が形成され，両機能ともに評定が低いpm型教師の学級が困難に陥りやすいと予測されるが，必ずしも結果は一貫していない。たとえば，西山ら（1982）は，学業成績の向上を第一に望む子どもはP型教師を最も評価し，親密な対人関係を望む子どもはM型教師を評価することを見出しているし，適度な距離のある人間関係のほうが居心地がよいと感じる子どもは，むしろ強力な指導態度をもたないpm型教師の学級に適応する可能性も否定できない。このように，教師の指導態度の影響性は，子どもの欲求や発達段階によって異なることがうかがえる。

　このほか，嶋野・大谷・勝倉（1999）は，教師の指導行動を受容（Acceptance: A）と要求（Demand: D）の二次元でとらえるAD尺度を提示している。

学級風土と教師の指導態度　伊藤（2005a: 2005b）は，学級風土の測定結果を学級へのアセスメントとコンサルテーションに用いている。学級風土と教師の指導態度との関連性については，先にあげた8尺度のうち，「学級活動への関与」や「規律正しさ」は，教師の指導によって上昇するのに対して，「自然な自己開示」は，元来の子どもたちの陽気さによって規定される面が強い。また，「規律正しさ」や「学習志向」が高い学級においても，学級内の人間関係に関する得点が低い場合，教師が適切な働きかけを行わなければ満足度の低い盛り上がりに欠ける学級風土になりがちである。さらに，教師が子どもの多様性を容認するあまり，全体としてのまとまりを形成する指導が弱いと，学級の凝集性が高まらず疎遠で否定的な学級風土に陥りやすいことを指摘している。遠矢（2001）も，子どもの自主性を重んじる教師の指導態度が，子どもたちの勝手な行動を助長してしまい，「規律遵守」「学習意欲」「学級連帯性」「優しさと温かさ」などの学級風土の低下を招いた結果を報告している。このように，学級風土は教師特性と子どもの個性の相互作用によって醸成・変化する。　　［遠矢］

参考文献	伊藤亜矢子編著　2007『学校臨床心理学』北樹出版

第9章　社会性の発達

問題 42　社会的情報処理理論について説明せよ

　社会的情報処理理論とは，仲間どうしのいざこざへの対処や，遊びへの仲間入りのような社会的な行動を，相手の言動や表情といったその状況下で入力されるさまざまな情報を操作し問題解決を行った結果であるとみなす考え方である。社会的情報処理の過程を検討することにより，現実の対人場面でさまざまな行動が生じるしくみを理解することができるだけでなく，近年この理論は攻撃性などの社会的不適応傾向をもつ子どもの認知的特徴を説明する枠組みとしても用いられている。

　ダッジの社会的情報処理モデル　この理論を提案したダッジら（Crick & Dodge, 1984）は，社会的情報処理モデルとして，図9-1に示された6つの段階を想定している。これらの各段階において，人は過去の記憶やそれまでに獲得されたルールや知識から成るデータベースを参照しながら社会的情報処理を行っていくという。まず，段階①の「手がかりの符号化」では，相手のことばや表情などの外的手がかりや自己の身体反応などの内的手がかりを知覚する。段階②の「手がかりの解釈」では，①で知覚された手がかりを，なぜそうなったのかという因果関係や，故意なのか過失なのかという意図の帰属を含めて解釈する。段階③の「目標設定」では，その状況においてどのような結果を望むのか，たとえば相手との友好的な結果を望むのか，あるいは対立を望むのかを選択する。段階④の「反応へのアクセスと構築」では，自己のデータベースのなかからその状況においてとることが可能な反応にアクセスする，または新たな反応を構築する。ここでいう反応とは，たとえば身体的攻撃や言語的な交渉などである。段階⑤の「反応の決定」では，アクセスされた反応を評価し，最も効果的な反応を選択する。段階⑥の「反応の実行」では，決定された反応を実行する。

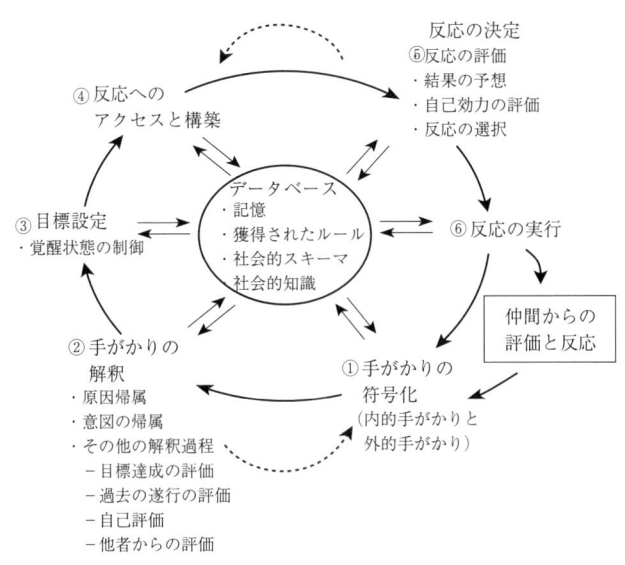

図9-1 社会的情報処理モデル（Crick & Dodge, 1994）

攻撃性と社会的情報処理 攻撃的な子どもは，段階①で，不適切な手がかりへ選択的に注意を向けること，段階②で，解釈のゆがみが見られること，段階③では，不適切な目標を立てたり追求したりすること，段階④では，検索された反応数が少なかったり，非現実的な反応にアクセスしたりすること，段階⑤では，反応によって起こる結果や効果の予想が実際と合わないこと，などすべての段階での問題があげられている。そのなかでもとくに，段階②「手がかりの解釈」に関して多くの研究が行われており，一般的に子どもたちは行為者に敵意を帰属しているときに攻撃的な反応を生成する可能性が高いことがわかっている（Dodge, Murphy, & Buchsbaum, 1984）。また，攻撃性の高い傾向にある子どもは，そうでない子どもに比べて，相手の意図があいまいな場面においても，行為者に敵意を帰属しやすい傾向があり，結果として攻撃的な反応を生成しやすいことがわかっている。(Dodge, 1980)。　　　　　　　　　　［鈴木］

参考文献	堀野緑・濱口佳和・宮下一博　2000『子どものパーソナリティと社会性の発達』北大路書房

問題43 「心の理論」が幼児期・児童期にどのように発達していくかを説明せよ

「心の理論」とは，自己や他者の心的状態を推測したり理解したりするための認知的枠組みである。動物心理学者のプレマックら（Premack & Woodruff, 1978）は，チンパンジーが餌を発見したとしても，近くに自分より強い個体がいるときには餌のほうを見ないでやりすごし，その個体が自分の近くから離れたときに初めて餌を採りに行く，という現象を報告した。プレマックらは，このようにチンパンジーが他個体をあざむくといった行動をとるのは，「心の理論」を有しているからであると考えた。

誤った信念課題 プレマックらの理論をもとに，心理学者パーナーら（Wimmer & Perner, 1983）は，子どもが「心の理論」を獲得しているかどうかを調べる方法として，次のような課題を考案した。

> お母さんが買い物に行ってチョコレートを買ってきました。片づけを手伝っていたマキシは，チョコレートをどこへ入れればいいかをお母さん尋ねました。お母さんは，青い棚に入れるように言ったので，マキシはチョコレートを青い棚に入れました。その後マキシは外に遊びに行きました。お母さんは，ケーキを作るために青い棚からチョコレートを出しました。お母さんはチョコレートを使い終わり，青い棚ではなく緑の棚に入れました。そして，卵を買い忘れたことに気づいて買いに出ました。マキシが帰ってきて，チョコレートを食べたいと思いました。マキシはチョコレートがどこにあるのか覚えています。
>
> 〔質問：マキシはどこを探すでしょうか。〕

正答はマキシが最初にチョコレートを片づけた「青い棚」となるが，パーナーらが，3～9歳の子どもたちを対象に行った実験では，3歳児はほとんどがこの課題に誤答し，4歳以降徐々に正答率が上昇して，6～7歳ごろには大部分の子どもが正答するようになることがわかった。したがって，多くの子どもが6～7歳ごろまでに，「心の理論」を獲得すると解釈された。

二次的信念課題 さらにパーナーら（Perner & Wimmer, 1985）は，児童期以

降の「心の理論」の発達について調べるために，ある人がどのような信念を抱いているのかということについての信念（二次的信念）に注目して，次のような課題を行った。

> ジョンとメアリーは公園で遊んでいました。公園にはアイスクリーム屋さんの車がありました。メアリーはアイスクリームがほしかったのですが，お金を持っていませんでした。アイスクリーム屋さんは，「ずっとここにいるのでとお金を取りに行っておいで」と言いました。メアリーがお金を取りに帰ると，アイスクリーム屋さんはジョンに，「ここはお客さんが少ないから教会に移動するよ」と言いました。アイスクリーム屋さんは教会に向かう途中で偶然メアリーに出会い，教会に移動することを伝えました。ジョンはそのことを知りません。ジョンがメアリーの家に行くと，お母さんが「メアリーはアイスクリームを買いに行ったよ」と言いました。
>
> 〔質問：ジョンはメアリーを探しに行きました。ジョンはメアリーがどこにいると思っているでしょうか。〕

ジョンは，メアリーが途中でアイスクリーム屋さんと出会ったことを知らないため，「ジョンはメアリーが公園にいると思っている」と答えるのが正答であるが，パーナーらが，7〜10歳児を対象に行った実験では，7歳児の正答は半数未満であり，9〜10歳ごろに大部分の子どもが正答するようになることが示され，二次的信念の理解が児童期に徐々にされるようになることがわかった。

自閉症児の「心の理論」 バロン・コーエンら（Baron-Cohen, Leslie, & Frith, 1985）は，前述のような「誤った信念課題」を，健常児，自閉症児，ダウン症児に実施したところ，自閉症児はほかの群よりも発達年齢が高かったにもかかわらず課題への通過率がきわめて低いことがわかった。この自閉症児が「心の理論」をもたないかのように思われる状態の原因は，自閉症児の他者の視線を追いかける，指差し，他者に物を示すといった，共同注意の困難さの観点から議論されている。　　　　　　　　　　　　　　　　　　　　　　　　　〔鈴木〕

| 参考文献 | 子安増生　2000『心の理論─心を読む心の科学─』岩波書店 |

問題 44 道徳性の発達についてピアジェ，コールバーグ，チュリエルの理論をあげて説明せよ

　道徳性とは，社会一般に受け入れられている規範や慣習を尊重する意識と定義される。心理学において道徳性は，罪悪感などの感情的な側面，規則を守るといった行動的側面，善悪の判断といった認知的側面の三つの側面からとらえられるが，ここでは主に認知的側面に焦点を当てた，ピアジェ，コールバーグ，チュリエルの理論を説明する。

　ピアジェの発達段階　ピアジェ（Piaget, 1930）は，主人公が「扉の向こうの椅子の上にコップが置かれていることを知らずに扉を開け，15個のコップをすべて割ってしまう」話と，「お母さんの留守中に戸棚からジャムをとろうとして，そばにあったコップを一つ割ってしまう」話というように，子どもに対になる二つの例話を聞かせ，2人の主人公のうちどちらがより悪いか，またそれはなぜかといったことについて，5歳から13歳の子どもの自由な言語的反応にもとづいて調べた。その結果，年少の子どもには「コップをたくさん割った子のほうが悪い」といった反応が多いが，10歳ごろになるとこのような反応は減少し，ほとんどの子どもが「ジャムをとろうとした子のほうが悪い」という反応を示すようになることがわかった。ピアジェはこの結果を，子どもの道徳判断が10歳ごろを境に結果重視の判断から動機重視の判断へと変化するのであると解釈した。

　コールバーグの発達段階　コールバーグ（Kohlberg, 1969）は道徳性の発達がピアジェのいうように児童期で完成されるのではなく成人期まで続くものと考え，独自の発達段階を示した。コールバーグは，「ある男が病気で死に瀕した妻のために，薬を手に入れようとするが，薬屋は男に法外な値段を請求した。男は薬屋に事情を話して，値引きするか後払いにするかをしてくれるように頼んだが，薬屋は聞き入れなかった。結果として男は薬屋に盗みに入った」といったモラルジレンマに関する例話を聞かせ，男は薬を盗むべきであったかどう

か，またその理由を尋ねた。コールバーグは，判断自体よりもその理由づけを重視し，面接で得られた反応から以下の6つの段階を示した。① 罰と従順志向：行為の結果が，他者からほめられるか，罰せられるかで道徳判断がなされる，② 道具的相対主義志向：その行為が欲求や利益を充足するのに役立つ限りにおいて道徳的であるとする，③「よい子」志向：家族，教師，仲間といった周囲の他者とのよい対人関係を重視し，他者に承認されるか否かで道徳判断がなされる，④ 法と秩序志向：社会や集団の利益への貢献を重視し，社会的秩序を維持するか否かで道徳判断がなされる，⑤ 社会的契約と法律尊重：「権利」の意味を正しくとらえ，法律が集団の同意によって変更可能なものとみなす，⑥ 良心または原理への志向：既存の法律よりも人間の相互信頼と自らの正義と公正の倫理原則に従った判断をする。

　領域特殊理論　チュリエル（Turiel, 1983）は，コールバーグのように道徳性の発達を他律から自律といった一元的な過程とみなす考え方への批判から，これまで守るべき規範として考えられてきたもののなかには，正義や福祉といった「道徳」と，社会システムを円滑にするための「慣習」が混在していることを指摘し，幼い子どもであってもこれらを区別した多元的な道徳判断が可能であることを主張した。チュリエルの理論は，社会的知識が道徳，慣習，個人という三つの独立した領域から構成されるという**領域特殊理論**に集約され，道徳領域は身体的攻撃や盗みなど，慣習領域は礼儀作法や生活習慣など，個人領域は，趣味や友人の選択などが含まれる。慣習違反は規則の有無によって判断が異なるが，道徳違反は規則の有無にかかわらず悪いと判断されることがわかっており，4〜5歳児であってもこれらの領域を区別した道徳判断がされることが示されている。　　　　　　　　　　　　　　　　　　　　　　　［鈴木］

参考文献	日本道徳性心理学研究会編著　1992『道徳性心理学―道徳教育のための心理学―』北大路書房

問題 45　愛他性・向社会的行動と共感性の発達についてアイゼンバーグとホフマンの理論をあげて説明せよ

愛他性・向社会的行動と共感性　愛他性とは，自らの利益よりも他者の利益を重視する価値観が内面化されたものであり，愛他的行動とは愛他性に動機づけられた，他者の利益のために自発的意図的になされる行動である。

いっぽう，**向社会的行動**とは，他者に利益をもたらす自発的行動のことをいい，愛他的行動と類似した概念であるが，行動の背景に必ずしも愛他的動機を必要としない点で，愛他的行動よりも広い概念であるといえる。

また共感とは，人が他者の情動状態と類似した情動状態を経験することであり，**共感性**とは共感をもたらす内的性質のことである。共感は愛他的行動や向社会的行動を動機づける重要な要因として考えられている。

向社会的行動の発達段階　アイゼンバーグ (Eisenberg, 1992) は，子どもたちに見られる向社会的行動が愛他的なものなのかそれとも利己的なものなのか，またそのような向社会的行動の動機にはどのような発達的変化があるのかを調べる方法として，コールバーグと同様に，仮想的な向社会的ジレンマにおける子どもたちの判断とその理由づけを分析した。向社会的ジレンマとは，たとえば，「主人公が友だちの誕生会に行こうとしていると，転んで足にけがをした子に会った。その子は家まで行って親を呼んできてくれるように頼むが，そうすると誕生日会に遅れてしまう」という場面であった。その結果，向社会的道徳推論は次の5つの段階に分かれることがわかった。①自己の利益の有無によって助けるかどうかが決まる段階（幼児期および小学校低学年），②自己の利益と対立するものであっても，他者の要求に関心を示す段階（幼児期および小学生全体），③ステレオタイプ化された善悪や他者からの承認を指向する段階（小学生の一部と中高生），④他者の立場に立った共感的指向の段階（小学校高学年の一部と中高生の多数），⑤内面化された価値観や信念にもとづいて助けるかどうかを判断する段階（中高生の少数とそれ以降），と発達的に変化すること
が

わかった。

共感性の発達段階 ホフマン (Hoffman, 2000) は，向社会的行動を動機づける要因が，他者が現実的に苦しんでいるのを見ることで感じられる共感的苦痛にあるとし，子どもの共感的苦痛は他者についての知識の獲得に応じて，以下の5つの段階を経て発達することを提唱した。段階①の「反応的泣き」では，ある乳児が泣くと別の乳児も泣き出すという現象が見られる（生後数日以降）。段階②の「自己中心的な共感的苦痛」では，自他の分化が不十分であるため，他の乳児の苦痛に対して自分自身が苦痛を感じているように泣きながら母親のもとへ行くなどする（0歳終盤以降）。段階③の「擬似的な共感的苦痛」では，自他の分化が進み，苦しんでいるのは他者であり自己とは異なることを認識するようになるが，泣いている子を自分の母親のもとに連れて行く，自分のお気に入りのおもちゃを渡すなど，他者の要求と自己の要求の混同が見られる（1歳半ごろ）。段階④の「真の共感的苦痛」では，他者の感情はその人自身の要求や認知にもとづくものであると理解し，泣いている他児に，自分のものではなくその子どものぬいぐるみを持っていくといった，他者の視点に立った共感的反応が見られるようになる（2歳ごろ）。段階⑤の「状況を超えた共感的苦痛」では，その場の状況だけでなく，他者の人生経験などにも共感するようになる（5～6歳以降）。

共感性と向社会的行動の関連 ホフマンはまた，共感的苦痛を高める状況ではそうでない状況に比べて向社会的行動が生起しやすくなること，また向社会的行動を行った場合にはそうでない場合に比べて共感的苦痛が軽減されること，などの理由から共感的苦痛が向社会的行動の動機となることを裏づけている。

［鈴木］

参考文献	アイゼンバーグ，N．二宮克美・首藤敏元・宗方比佐子訳　1995『思いやりのある子どもたち―向社会的行動の発達心理―』北大路書房

問題 46　攻撃性の高い子どもの行動的，認知的特徴とその援助方法について説明せよ

　攻撃とは，他者に対して危害を加えようと意図された行動と定義され，攻撃を引き起こす内的性質を**攻撃性**という。攻撃性の高い子どもは，相手の権利を侵害し，相手を不快にさせる方法で人とかかわることが多いため，対人関係や適応上のさまざまな問題が生じる。そこで，そのような子どもの行動的，認知的特徴を明らかにし，援助方法を検討するための研究が数多く行われている。

　攻撃的な子どもの行動特徴　攻撃には，相手をたたく，けるといった身体的攻撃と，相手を傷つけることを言うといった言語的攻撃がある。このような相手に対する直接的な攻撃行動は男児にはよく見られるものであり，情動制御の未熟さなどが関連していると考えられる。いっぽう女児にはこのような行動は少なく，むしろ仲間はずれや無視というように仲間関係を操作することによって相手に危害を加えることを意図した攻撃がよく見られることが指摘されている。クリックら（Crick & Grotpeter, 1995）は，これらの行動を**関係性攻撃**と呼び，相手に対する直接的な攻撃行動である外顕的攻撃と区別してとらえた。関係性攻撃とは具体的には，相手の悪口をほかの仲間に言う，相手を仲間集団内から排除するような操作をする，といったことであり，このような行動は幼児期から見られ，年長になるとより大人の目につきにくいような複雑な方法がとられるようになるという。クリックらは関係性攻撃を示す子どもの特徴として，抑うつ感や孤独感が高いことや仲間から拒否されやすいことをあげており，このような子どもは外顕的攻撃を示す子どもと同様に，適応上の問題をかかえているといえる。また，この関係性攻撃の概念はいじめのような学校教育場面での問題を理解するためにも有効な概念であるといえる。

　攻撃的な子どもの社会的認知　攻撃的な子どもにはどのような認知的特徴があるかを，ダッジ（Dodge, 1980 など）は，**社会的情報処理**の枠組みを用いて調べた。たとえば，自分がブロックで遊んでいたところへ，他児がぶつかったた

めにブロックが崩れてしまう,といった仮想の被害的場面において,攻撃性の高い傾向にある子どもはそうでない子どもに比べて,相手が故意にしたのか偶発的に起こったかについての手がかりがない場面においても,行為者に敵意を帰属しやすいことが報告されている。このような敵意帰属バイアスが強いほど,結果としてその相手に報復的な攻撃行動を行いやすいと考えられている。

攻撃的な子どもへの援助　攻撃的な子どもへの援助方法として,攻撃行動にいたる認知の歪みを改善し,適応的な行動レパートリーを獲得させるための**社会的スキル**訓練が行われている。佐藤・佐藤・高山 (1993) は,攻撃性の高い幼児4名に対し,「人に何かを頼む」,「人の頼みを受け入れる,または断る」,「遊びに加わる」という三つの社会的スキルを獲得させる訓練を行った。具体的には,紙芝居を用いて問題場面における適切な行動と不適切な行動について考えさせるセッション,訓練者が示範する適切な行動をターゲット児がモデリングするセッション,訓練者とターゲット児,または2名のターゲット児で主人公役と相手役を遂行するセッションなどが含まれていた。また習得したスキルを般化するために,自由遊び場面でこれらのスキルを用いる機会があったときに訓練者が言語的強化やフィードバックを用いながら機会利用型訓練が行われた。その結果,すべての子どもにおいて訓練された三つの行動が増加するとともに,攻撃的行動が減少するという効果が見られた。

　さらに,個人を対象とした社会的スキル訓練には般化の難しさや効果の持続性の限界といった問題が指摘されているため,このような問題を改善するために,学級集団全体を対象とした社会的スキル訓練の試みがされており (藤枝・相川, 2001),このような試みは潜在的な問題生起への予防的介入といった観点からも期待されている。　　　　　　　　　　　　　　　　　　　　　　[鈴木]

| 参考文献 | 山崎勝之・島井哲志編　2002『攻撃性の行動科学―発達・教育編―』ナカニシヤ出版 |

第10章　パーソナリティと自己の発達

問題 47　パーソナリティの理解に用いられる代表的なパーソナリティ検査について述べよ

　一般的に性格とは個人を特徴づける持続的で一貫した行動様式をさしている。性格はパーソナリティ（personality）と同義に用いられることが多いが，近年ではパーソナリティを**気質**（temperament）と**性格**（character）の2側面に分け，「気質」は遺伝的な影響が強い側面，「性格」は気質を基盤として環境との相互作用のなかで比較的変化しやすい側面であるととらえられるようになってきている（クロニンジャーら：Cloninger et al, 1993）。

　パーソナリティの測定方法は大きく「質問紙法」「投影法」「作業法」の三つに分類することができる。質問紙法は被検者に自らの属性，心理状態，行動傾向などを回答させる方法であり，あらかじめ設定された選択肢のなかから回答する方法（例：Big Five 尺度）と自由に文章を記入する形式（例：自由記述）がある。投影法は被検者にあいまいな刺激を与え，その刺激に対する反応を評価する方法である（例：ロールシャッハ検査）。作業法は単純な作業を繰り返し行うことにより示される結果からパーソナリティを分析する方法である（例：内田クレペリン精神検査）。精度の高いパーソナリティ検査結果を得るためには，多角的視点をもつことが求められるため，検査目的に沿った内容の質問紙法検査・投影法検査・作業法検査を適切に組み合わせて用いること（テストバッテリー）が重要である。また，検査時の被検者の様子を記録するなどの行動観察を行うことが望ましい。その一方で，パーソナリティを測定する際には簡単に行える点も重視されていることから，質問紙法のみが用いられることも多い。以下に質問紙法の例として二つの尺度を紹介する。

　Big Five 尺度　1980年代以降，人の基本的パーソナリティ特性が「情緒不安定性」「外向性」「開放性」「調和性」「誠実性」の5次元で記述できるとする Big Five 研究が欧米を中心にさかんに行われてきている。「情緒不安定性」と

は，悩みがち・不安になりやすい・心配性といった項目に代表される側面，「外向性」は，話し好き・陽気な・外向的なといった傾向を示す側面，「開放性」は，独創性・多才さ・進歩的な傾向を測定する側面，「調和性」は，寛大さ・親切さ・素直さといったパーソナリティ傾向を測定する側面，「誠実性」は，計画性・勤勉さ・几帳面さといった傾向を測定する側面である。この Big Five 研究を背景に，形容詞によるパーソナリティ特性語を用いた尺度が開発され（和田，1996），パーソナリティ特性5因子を簡便に測定することが可能となった。測定対象者は項目の内容を考慮すると，青年期後期から成人が最もふさわしいと考えられている。項目数は60項目であり，回答方法は「非常にあてはまる」から「まったくあてはまらない」までの7段階評定を用いている。

　Y-G 性格検査（矢田部・ギルフォード性格検査）　ギルフォード（Guilford, J, P）が考案したパーソナリティモデルを日本人向けに構成（矢田部，辻岡，園原，1951）した尺度。12のパーソナリティ特性（抑うつ性・回帰性傾向・劣等感・神経質・客観性の欠如・協調性の欠如・愛想の悪さ・一般的活動性・のんきさ・思考的外向・支配性・社会的外向）から成り，前半の6尺度は情緒安定性を，後半の6尺度は外（内）向性を表している。12のパーソナリティ傾向は得点の分布に基づき A から E の5系統値に分けられる。A 系統値が高い場合は平均型，B 系統値が高い場合は不安定積極型，C 型が高い場合は安定消極型，D 型が高い場合は安定積極型，E 型が高い場合は不安定消極型と分類され，それぞれに典型・準型・混合型があるため，パーソナリティ類型の判定基準は15通り存在する。測定対象者は小学生から成人と幅広く，小学生用，中学生用，高校生用，大学・一般用の4種類が用意されている。項目数は120項目であり，回答方法は「はい」「わからない」「いいえ」の3段階評定を用いている。　　　　[眞榮城]

参考文献　堀洋道監修　山本眞理子編　2001『心理測定尺度集Ⅰ　人間の内面を探る〈自己・個人内過程〉』サイエンス社

問題 48　自己概念の発達と適応との関係について述べよ

自己概念とは，自らの身体的・精神的な特性や社会的役割など自分自身に対して抱く**自己意識**を暗黙のうちに支えている基本的な概念構成である（梶田，1988）。また，自己概念は，現実の自己と理想とする自己を認識することや自己への感情や評価を調整すること，他者から見られている自己のイメージと自分自身が抱いている自己のイメージを認識することなどにおいて重要な役割を果たしている。自己概念と精神的健康とのかかわりは深く，自己に対する評価が高い者の抑うつ感は低いことが多くの研究から明らかになっている。

自己概念の発達には，他者との関係性，とくに重要な他者との関係性がかかわっていると考えられている。また，自己概念の発達段階については，個人差を配慮する必要はあるが，身体的発達段階に沿ってとらえることができる。

乳児期における自己概念の発達　乳児は，気になるものを眼で見たり手で触れたりするだけではなく，口に運び，舐めたりかじったりすることをとおして自己と他者（自分以外のもの）の分化を行い，自己概念を形成していく。

生後6カ月ごろからみられる**人見知り**は，自分にとって重要な他者（主に母親や父親）とそれ以外の他者とを識別できるようになってきていることを示す行動の一つである。

幼児期における自己概念の発達　1歳ごろから，自分の名前を呼ばれると自分の名前を呼んだ者のほうへ意識を向ける行動が認められ，1歳半から2歳になると鏡に映った自分の像を認識できるようになる。2歳ごろになると自己主張が激しくなり自我が芽生えてくる。

児童期における自己概念の発達　児童期は，家族関係や仲間関係をとおして自分の役割を認識した行動が取れるようになる時期である。また，他者との比較を行うことで「自分は運動が得意である」「同じ学年の子よりも勉強ができる方だ」といった自分の能力に関する自己概念も発達してくる。とくに「背が

高い」「かっこいい」などの身体的特徴にかかわる自己概念への関心が強くなる。

　青年期における自己概念の発達　青年期は，自己の内面への関心が高まり，自分自身がどのような人間であるのかを探求する時期である。とくに，親友や親密な異性との関係性をとおして形成される自己概念の発達が**アイデンティティ**の形成に重要な役割を果たしている。

　成人期における自己概念の発達　成人期における自己概念は，これまで以上に社会的地位や社会的に求められる役割に強く影響を受けて発達していく。自分自身がめざしていた社会的地位や役割が得られている場合には安定した自己概念を維持することができる。

　中年期における自己概念の発達　中年期は青年期と同様に自己の内面をみつめなおし，アイデンティティの再形成を試みる時期である。自分自身が思い描いていた社会的地位や社会的役割を得ることができていない場合には自己概念の調整が迫られる。

　老年期における自己概念の発達　老年期は，身体的な衰えや社会的立場の変化，身近に迫りくる死を意識しながら自己の統合をめざす時期である。過去の自己についてふりかえり，身体的・精神的および社会的な自己概念を調整し，自己の統合へと向かう。

　このように，各発達段階に期待される自己概念の発達は，人が適応的な生活を営むうえで，重要な役割をはたしているものと考えられる。また，どの発達段階においても，自己と他者との比較が過剰であると劣等感が強くなりすぎることや無力感に襲われることがある。自己概念が不安定になると抑うつ感が強くなるなどの深刻な不適応状況に陥ることもあるため，自己概念の発達と適応とは密接な関係があるものといえる。　　　　　　　　　　　　　［眞榮城］

参考文献	梶田叡一　1988『自己意識の心理学』東京大学出版会

問題49 自尊感情および自己効力感について説明せよ

自尊感情 自尊感情とは自己に対する評価的な感情（**自己評価**）であり，自分自身を基本的に価値あるものとする感覚を意味している。自尊心と表現されることも多く，心理的な土台として不可欠なもの（梶田，1988）である。蘭（1992）は，自尊感情の発達や形成にかかわる要因として次の3点をあげている。①他者からの評価や承認：親のしつけや教師・友人などによる評価，②同一視にもとづく取り入れ（**モデリング**）：自分にとって大切な人や憧れの人を同一視し，その人の言動をまねすることによって自分自身のものとしていく，③役割遂行やさまざまな経験による気づき：自分の経験を通して自分自身を見つめなおす。つまり，自尊感情の発達や形成には他者とのかかわり方や自己の経験の認識方法が強くかかわっているものと考えられる。

自己効力感 自己効力感とは，自分が行為の主体であると確信していること，自分の行為について自分がきちんと統制しているという信念，自分が外部からの要請にきちんと対応しているという確信を意味している。つまり，自己効力感が伴わない行為は他者にさせられている感覚が強くなるため，自信の喪失や自尊感情の低下につながる。自尊感情と同様，適切な自己効力感をもつことは適応的な生活を営むうえで不可欠なものである。適切な自尊感情や自己効力感をもつことができるためには，自己に対する評価感情つまり自己評価のあり方を無視することはできない。つまり，自尊感情や自己効力感について述べる場合には，自己に対する評価的感情を示す言葉である自己評価の発達や形成にかかわる要因，および自己評価の役割について理解しておく必要がある。

自己評価の発達 児童期（平均年齢10歳）・青年期（平均年齢14歳）・大学生（平均年齢19歳）の自己評価得点の発達変化について検討した研究（眞榮城,2006）によると，児童期と青年期を比較すると青年期の自己評価が低く，大学生ごろになると児童期のころに近い値に回復していることが認められてい

る。また，性差の検討からは男子の自己評価が女子よりも高いことが示されている。

自己評価と遺伝・環境要因との関連　自己評価の形成にかかわる要因の検討は環境要因に注目した研究が数多く行われており，高い自己評価をもつ子どもを取り巻く環境にみられる特徴として「物理的・情緒的・知的に豊かな環境」があげられている（クーパースミス：Coopersmith, 1967）。また，「情緒的に安定している親」「親の自尊感情の高さ」「夫婦関係のよさ」も子どもの自己評価の高さと関連していることが指摘されている。その一方で，近年では自己評価の形成要因として遺伝的要因も無視できないと指摘する研究も増加している（McGuire. S, 1994）。つまり，自己評価の形成にかかわる要因について考える際，環境要因のみに目を向けるのではなく遺伝要因と環境要因との相互作用に注目し，その人が本来もっているその人らしさを尊重しつつ，適切な自己評価の形成にかかわる環境の調整を行う必要があると考えられる。

自己評価の役割　一般的に自己評価が高いほうが適応的であり自己評価が低いと不適応な状況にあると考えられることが多いが，自己評価が低くても適応的な生活を送っている人は大勢いる。むしろ自己評価が高すぎることで他者との関係性に問題が生じる場合もあるだろう。自己評価が低いことで態度が謙虚になることから，他者に受け入れてもらいやすく適応的な生活を送ることができる場合も多い。つまり，自己評価の高低自体はその人のパーソナリティ特徴としてとらえることができる。しかしながら，自己評価の高低が精神疾患を予測し治療する際に重要な役割を担っていることも無視できない。自己評価が低いために，つまり自分に自信がもてないために抑うつ状態や摂食障害に陥ることもある。反対に自己評価が高すぎるために自己愛人格障害などで苦しむ場合もあるだろう。このような状態からの回復をめざすために自己評価は重要な役割を担っており精神疾患からの回復とは適切な自己評価，自尊感情，自己効力感を取り戻すことであるともいえる。　　　　　　　　　　　　［眞榮城］

参考文献	アンドレ＆ルロール　高野優訳　2000『自己評価の心理学―なぜあの人は自分に自信があるのか―』紀伊国屋書店

問題50　情動制御とその発達について述べよ

　情動（一過性の感情状態）を制御する力は**自己制御力**ととらえることができる。情動制御の発達には，身体的・知的機能の発達とともに社会性の発達や道徳感の発達といった他者の感情を理解する能力の発達が深く関連しており，親や周囲の人々が示す適切な感情表現に接触する経験の重要性が指摘されている。とくに，乳幼児と母親（主たる養育者）との相互作用に注目した観察研究からは，養育者の適切な働きかけや反応が乳幼児の情動発達に重要な役割を果たしていることが認められている。また，情動制御力の発達を考える際には，環境要因のみならず，脳神経系の障害の有無等，生得的な要因による影響を考慮することも重要である。

　情動制御の発達にかかわる環境要因　ブラゼルトンとグリーンスパン（Brazelton & Greenspan, 2004）は，新生児（誕生から生後1カ月ごろ）の観察研究から，生後8週目までに母親と父親と見知らぬ人の声を聞き分け，それぞれに異なった反応を示すようになることを明らかにしている。また，新生児が母親には静かに注意を向けてもらうこと，父親には遊戯的にかかわってもらうことを求めていることや，親たちが適切に反応してくれる体験をとおして親の働きかけを期待できるようになること，親の働きかけに対する期待感を抱けることが将来の自尊感情や学習意欲の向上につながることなどを指摘している。さらに彼らは，学習は情動制御の発達にもつながることから，生後早期の最も重要な学習は人間的なかかわりあいによってもたらされるものととらえている。このように，情動制御は他者との信頼関係の間に形成されていくため，親や仲間との情緒的に豊かな交流を繰り返すことで精神的な安定を得ることができ，他者に対する思いやりの感情を育むこともできるようになるものと考えられる。

　学齢期になると，集団生活の中でこれまで以上に情動制御力が求められる場面も増えてくる。親との関係性のみならず，信頼できる先生や仲間との良好な

関係性の構築が情動制御力を高めていく。いっぽう，他者との関係性がうまく形成できない状況が長期化すると，他者に対する思いやりをもった行動がとりにくくなり，情動制御力が低下してくるものと考えられている。

情動制御の発達と脳機能 寺沢ら（2002）は，脳の興奮と抑制のコントロール力を調査するためGO/NO-GO実験と呼ばれる手法（図10-1）を用いて実験を行った。被験者となった子どもにランプの色に従ってゴムボールを握らせ，握りまちがいや反応の速さから感情制御にかかわる大脳前頭葉の発達状態を測定した。

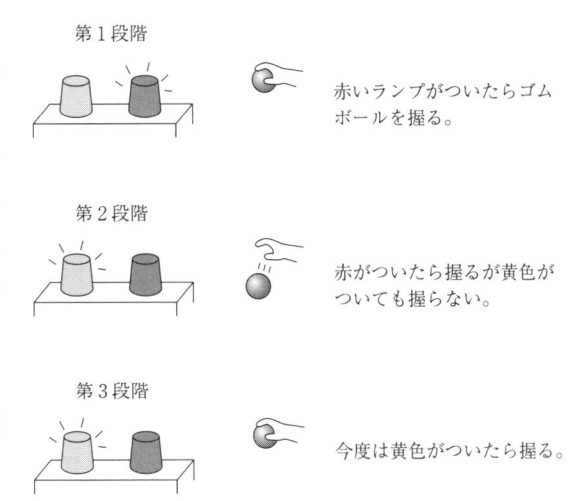

第1段階：赤いランプがついたらゴムボールを握る。
第2段階：赤がついたら握るが黄色がついても握らない。
第3段階：今度は黄色がついたら握る。

図10-1　GO/NO-GO実験の手順
寺沢ら（2002）の実験にもとづき戸田（2005）が作成

　その結果，1980年代以前の調査時には大脳の興奮／制御機能が順調に発達していることを示す「活発型」が年齢とともに増えていたが，1990年以降の調査では小学校高学年および中学生において1980年代以前調査時に示された値の約2倍の割合で脳が未熟であることを示す「興奮型」の増加が認められた。

　情動制御の発達が脅かされている場合には，脳機能などの生理学的要因や遺伝的要因と対人関係に代表される環境要因との相互作用にも配慮し，個々人に適した支援体制を整えることが期待される。　　　　　　　　　　　［眞榮城］

参考文献	ブラゼルトン＆グリーンスパン　倉八順子訳　2004『こころとからだを育む新育児書』明石書店

第11章　子どもたちへの支援

問題 51　公立学校におけるスクールカウンセラー事業とその活動目的および実際の活動内容について述べよ

　スクールカウンセラー事業について　いじめや不登校，学級崩壊などの問題を契機に，公立学校でのカウンセリング機能の充実を図るため，文部省（現文部科学省）は，1995年度に「スクールカウンセラー活用調査研究委託」事業を試験的に開始した。その後，2001年度からは国の配置事業に切り替えられた。

　スクールカウンセラー事業では，スクールカウンセラーの職務内容として以下の4つを掲げている。①児童生徒へのカウンセリング，②カウンセリングなどに関する教職員及び保護者に対する助言・援助，③児童生徒のカウンセリングなどに関する情報収集・提供，④その他の児童生徒のカウンセリングになどに関して各学校において適当と認められるもの。このように，スクールカウンセラーへの期待とともにその配置校数は純増され，ほぼ全中学校に配置されることとなった。

　スクールカウンセラー活動の目的について　スクールカウンセラー活動の目的は，単に一児童生徒の問題を解決することにとどまらない。学校で生じる問題を巡って，そこにかかわる人たちを有機的に結びつけ，そのネットワークが円滑に動くように支援し，学校全体の問題解決能力を高めることも目的の一つである（永田，2003）。そのためには，対象となる子ども自身のアセスメントに加え，子どもを取り巻く関係の編み目におけるコミュニケーション障害の問題をとらえ，誰に何をどのように伝えることが問題解決に役立つかを見立てることが重要である（徳田，2003）。つまり，学校臨床においては，スクールカウンセラーが間接的な支援役を果たすことで問題が解決することも多い。

　実際の活動内容について　スクールカウンセラーの実際の活動内容は，おおよそ以下の項目にまとめることができる（平野，2003）。

　①児童生徒への直接的な支援。たとえば，児童生徒に対する個別カウンセ

リングの実施，休み時間や放課後など学校の日常場面での声かけや相談室での居場所づくりなど。
② 教職員と情報や意見を交流し支援方針を話し合うこと，保護者に対するコンサルテーションとガイダンス（児童生徒への具体的なかかわり方を助言する）。
③ 連携活動。たとえば，学校内の連携として，担任・養護教諭・校長・教頭など児童生徒に直接かかわるスタッフとの情報交換や児童生徒に関する支援会議への参加，また，学校外の専門機関との連携として，病院・児童相談所・警察および公立の教育相談室などへの紹介や連絡調整など。
④ 広報活動。たとえば，相談室の啓発，相談室便りの配布や児童生徒，保護者への講演など。
⑤ 教職員研修やPTA主催の講演会などにおける啓発行事の企画とその実施。
⑥ その他。たとえば，学校行事への参加，給食時の教室訪問，職員リクレーションへの参加，教職員との雑談など。

　また，配置された学校でどのような活動を行うかの方針を立てる際は，学校全体を一つの対象としてとらえアセスメントすることが必要となる。いわゆる学校アセスメントである。これは，管理職のリーダーシップ，教職員と管理職の関係，教職員どうしの関係，学校の教育相談体制のあり方，教職員のスクールカウンセラーへの理解や受け入れ状況，学校がかかえている問題の内容とニーズ，子どもたちと教師の関係，子どもどおしの関係，保護者の姿勢，地域がもつ風土などがその対象となる。つまり，学校という組織や地域そのものがもつ病理と健康さを的確に把握し理解することからスクールカウンセラーの活動は始まる（伊藤，2002）といっても過言ではない。この学校アセスメントは，学校のおかれている日々の多様な状況に応じて常時見直すことが重要であり，それにより活動内容を変化させていく柔軟性がスクールカウンセラーに求められる。

[井野]

| 参考文献 | 村山正治・鵜飼美昭編 2002『実践！スクールカウンセリング』金剛出版 |

問題 52 不登校のとらえ方の変遷と支援の見立ておよび現在の支援状況について述べよ

不登校をめぐるとらえ方の変遷について　学校に行けない，あるいは，行かない状態を巡って，これまでにさまざまな研究が行われてきた。欧米では，ブロードウィン（Broadwin, 1932）が，「怠学または怠け」という論文を書き，それが最初といわれている。その後，ジョンソンら（Johnson et al, 1941）の報告で初めて「学校恐怖症」という用語が用いられた。「学校恐怖症」は，母子分離不安を基調とし，子どもが強い不安や恐怖を呈する状態ととらえており，古典的・伝統的な考え方として，その後もさまざまなかたちで継承されている。

その後，アメリカにおいて，「登校拒否」という用語が一般化するが，その背景は，「学校恐怖症」のとらえが必ずしも実態と合致しないことに端を発し，この現象を一種の家族病理の結果として引き起こされる子どもの恐怖・不安を中心とした神経症であるという考え方が中心となったことによる。1970年代に入るころから，先進諸国の専門家たちは，その原因として社会的状況に注目するようになり，それと同時に「**不登校**」という言葉が使われるようになった。

日本においては，1959年ごろからこの問題が注目されはじめた。欧米の研究成果をある程度受け入れながら研究が進められ，最近では，本人の性格傾向・器質的要因や保護者の養育態度，あるいは家族関係のみならず，学校や友人関係，さらには社会要因へと拡大され，これら複数の要因が相互に絡み合って形成されると理解されつつある。これを受け，研究領域・研究対象・原因理解が拡大されている。文部省（現文部科学省）は，1990年に「不登校はどの子にも起こり得るものである」という見解を初めて打ち出し，不登校を「何らかの心理的・情緒的・身体的，あるいは社会的要因・背景により，児童生徒が登校しないあるいはしたくともできない状況（ただし病気や経済的な理由によるものを除く）」と定義している。

不登校の子どもへの支援の見立てと支援状況について　文部科学省の学校基

本調査によると，2005年度間に30日以上欠席した国・公・私立の小・中学校における不登校の児童生徒数は12万2255人（前年度12万3358人）であり，在籍児童生徒数に占める割合は，1.13％（小学校0.32％，中学校2.75％）である。不登校の児童生徒数は，1991年度の調査以来上昇していたが，2001年度の13万8722人をピークに毎年減少している。

　不登校といっても，その背景や状態は個々のケースによって大きく異なり，一括りにできない。たとえば，不登校の背景に，精神疾患や発達障害，非行の問題をかかえていないかどうかなど，対応する側は個々のケースを十分にアセスメントし，その子どもに適した支援方法や支援場所を選択することが求められる。そのためには，子ども本人との面接に加え，家族や学校の教職員，子どもとのかかわりのある大人からの情報も加味する必要がある。

　徳田（2003）は，不登校の子どもの見立てにおいては，① 生活の様子，② 興味・関心のあること，③ 外出の仕方，④ 対人関係のもち方，⑤ 学校とのかかわり，それぞれについて具体的に把握することを指摘している。生活の様子や興味・関心のあることに対してどのくらい能動的なのかによって「安定感・内的充足感」の程度が，外出の仕方や対人関係のもち方にどの程度積極的かによって，「対人—社会関係（人や社会との具体的なかかわり）の深まり」の程度が推測されると述べている。

　昨今は，学校の相談室や保健室が不登校の児童生徒と教室をつなぐ場としての役割を果たしている。また，公立の教育相談室でのカウンセリングや適応指導教室への通級，児童相談所や医療機関との連携による支援，民間のフリースペースやフリースクール，サポート校の増加，引きこもり型不登校の児童生徒に対しては電子メールを介しての支援を試みるという報告も増えてきた。このように，支援場所や方法が多岐に及ぶことによって，不登校の児童生徒への対応の幅は広がりをみせている。そのため支援する側は，子どもの具体的な状況を分析し把握することがますます重要となることも忘れてはならない。［井野］

参考文献	管佐和子・木之下隆夫編 2001『学校現場に役立つ臨床心理学』日本評論社

問題 53　特別支援教育について旧来の特殊教育との違いも明らかにしながら述べよ

　特別支援教育は，2007（平成19）年度に正式発足した。この新たな教育システムが必要となった背景には，① 特別な教育支援を必要とする児童生徒が，とくに普通学校環境において増加していること，② 障害領域の層が広がり，また重複することによって複雑化していること，③ 障害をもつ児童生徒に対する教育理念そのものの転換期を迎えていること，などがある。

　発達障害の教育・支援　それまで障害をもつ児童生徒に行われてきた特殊教育との大きな違いの一つは，**発達障害**をその対象に加えたことである。ここでの発達障害とは，**自閉症**（高機能自閉症，アスペルガー症候群を含む），**学習障害（LD）**，**注意欠陥・多動性障害**（ADHD）をさし，臨床的診断名のカテゴリー，また海外における発達障害のとらえ方とは異なる（問題54参照）。旧来の特殊教育では，盲，聾，知的障害，肢体不自由，病弱の5領域が対象とされてきた。さらに，これらの障害をもつ児童生徒は養護学校，盲・聾学校，または特殊学級で教育を受け，基本的に普通学校または通常学級とは分離した教育環境であった。つまり，特殊教育では障害に応じてカテゴライズされた教育環境があらかじめ設置され，そこに児童生徒が配置された。特別支援教育に新たに加わった発達障害をもつ児童生徒の多くは知的障害をもたず，普通教育環境における特別支援が必要となる。ここで特別支援教育の基本理念にある「個人のニーズに応じた教育」が重要となってくる。特別支援教育における教育プログラムは，まず個人の特性をアセスメント（評価）し，診断名でふるい分けするのではなく，各児童生徒にどのような支援環境・手段が必要かを判断する。普通学校における特別支援は特別支援学級または教室を中心として行われるが，そこで教育を受ける時間はあくまでも個人の必要性に応じて決められ，そのほかの時間は通常学級でほかの児童生徒と同じ学校生活を送る。

　教育・支援関連機関の連携　特別支援教育では，教育関連機関のシステムも

改められた。これまでの盲・聾・養護学校は**特別支援学校**と改称し，地域の特別支援教育においてのセンター的役割を果たす。この特別支援学校には**地域支援コーディネーター**が配置され，地域の諸学校のコンサルタントとして巡回，また必要に応じて支援協力をする。特別支援教育コーディネーターは諸学校にも配置され，各校内において児童生徒本人，保護者，教職員の特別支援教育に関する橋渡し的役割を果たす。さらに，教育関連機関はもとより，福祉・医療関連機関との連携も，特別支援教育では児童生徒の支援環境を個別に整えるうえで不可欠となった。このような他機関との連携によって，就学前・就労前のいわゆる学校教育の入り口，そして出口における移行支援も可能となる。

　個別の教育支援計画　特別支援教育では，「**個別の教育支援計画**」が特別支援を受ける各児童生徒に策定される。一般に「IEP」と呼ばれることもあるが，IEPは本来アメリカで行われている「個別教育計画（Individualized Educational Plan）」のことをさし，日本の特別支援教育における個別の教育支援計画とは別なものである。この計画は，個人のニーズに応えた，生涯にわたって一貫した支援計画であり，特別支援教育の目的の一つである，障害をもつ児童生徒の自立や社会参加をめざした長期的展望をはかるものである。個別の教育支援計画には，個別の指導計画，また移行計画と呼ばれるものが存在する。個別の指導計画は児童生徒への実際の教育支援手段・内容を具体化するものであり，移行計画は，進級・進学・就労などの環境の移行に伴って立てられるものであり，新しい環境への適応に焦点があてられる。これらの計画は別々に行われるものではなく，個別の教育支援計画に指導計画・移行計画が包括されるかたちが理想とされる。教育支援計画は特別支援教育担当の教員一人で立てるものではなく，通常学級教員，コーディネーター，管理職，保護者，また医療・福祉そのほかの専門家全員の連携が不可欠となる。　　　　　　　　　　　　［萩原］

参考文献	文部科学省『特別支援教育に関すること』(http://www.mext.go.jp/a_menu/shotou/tokubetu/main.htm)

問題 54 発達障害とは何か。またそれに含まれる障害の特性，支援形態について簡潔に述べよ

　「発達障害」とは，一般的に学習障害（Learning Disabilities: LD），注意欠陥・多動性障害（Attention-Deficit Hyperactivity Disorders: ADHD），自閉症スペクトラム障害（Autism Spectrum Disorders: ASD）を包括的に称したものである。発達障害のとらえ方，それに含まれる障害の分類や名称は各専門分野によってそれぞれ異なり，また今後の研究の進展によって変わっていく可能性もあることから，恒久的なものととらえるべきではない。たとえば，アメリカにおける発達障害のとらえ方は日本とは異なり，LDやADHDは含まれない。

　「軽度発達障害」と呼ばれることもある。この「軽度」とは，もともと知的障害がないという意味で使われたのだが，障害の程度を表すものとしてとらえられがちであることから，文部科学省は2007年3月に軽度発達障害の表記をやめることとし，発達障害に統一することとした。これにより，従来発達障害は知的障害をもたないという印象があったが，ASDには知的障害をもつ人も含まれることから，発達障害のとらえ方もまた広範囲なものとなった。

　発達障害に含まれるLD・ADHD・ASDの診断はここ数年信頼度が高くなってはいるが，満足な水準には達していない。さらに，これらの障害の違いが明確にされているわけではなく，それぞれが多くの共通点をもっている。よって，現時点における発達障害をもつ人への支援は，診断名から支援手段を限定していくのではなく，常に個人の特性に対応したかたちで行われなければならない。

　学習障害（LD）　LDとは，読字，書字，計算に困難性が見られる障害である。これらの困難性はそれぞれ独立したかたちで表出することもあるが，それぞれが複合した困難性を示すことが多い。一般的にLDには知的障害は見られないが，読字，書字，計算などは学校での勉強に最も強い関連をもっているスキルであり，成績不振などで困難性が表出する際など，教育現場における障害

の見きわめが重要となる。

　LDはほかの障害と併存することもある。たとえば，ADHDと診断された児童生徒にLDの特性が見られることも多い。しかし，LD自体がほかの障害の起因となることはない。ほかの発達障害も同様であるが，LDは脳神経機能の障害とされており，環境要因（子育てなど）が原因となるものではない。つまり，LD特性による学業不振は「なまけ」や「勉強不足」ではなく，定型発達の児童生徒と同じやり方では理解が困難であるため，単なる補習やドリルで改善できるものではない。

　LDの困難性の原因は情報の入力・処理・出力の過程にあるととらえることができる。たとえば，読字が困難な児童の場合，文字は見えるのであるが文字の連続を言葉としてとらえ，見えている言葉の連続から文章を組み立てて理解することが難しいケースがある。この児童の場合は，視覚的に情報入力する過程に問題があるため，聴覚的情報入力（たとえば口頭による指示）を補うことによって，情報を取り入れ，処理することが可能になる。このように，LDの支援を考える際には，個人が「できる」，そして「できない」情報処理パターンをアセスメントによって明らかにし，学習内容・レベルはそのままでも，個人にできるやり方を教育環境で可能にしていくことが重要である。

　LDに限ったことではないが，個人が本来もっている特性を「**一次障害**」とすると，その一次障害やそのほかの環境が影響しあって生じるものが「**二次障害**」と呼ばれる。発達障害の場合，年長になって起こる二次障害は深刻なものになる傾向がある。無気力，不登校，非行，ひきこもり，自傷，うつなどのかたちで現れることもあり，これらのほうが，発達障害の特定よりも先に周囲に気づかれる場合も多い。LDの支援は学習面だけではなく，このような二次障害の発生をも最小限にすることも重要になる。

　注意欠陥・多動性障害（ADHD）　ADHDに含まれる障害特性は幅広く，またその障害の見きわめも難しい場合が多い。ADHDは，不注意優勢型，多動・衝動性優勢型，混合型の三つに大きく分けられる。しかし，この不注意と多動・衝動性の割合は個人によって異なる。

不注意性には，ぼーっとしたり，忘れ物が多いなどの特徴があげられる。いっぽう，多動・衝動性には，落ち着きがない，突発的行動をとる，おしゃべりや行動をやめることができない，などがよく見られる。ADHDは概して実行機能の障害であるとする説もあり，つまり，整理整頓したり，物事を順序立てて処理したりする機能の困難性は，不注意，多動・衝動性にかかわらず見られるようである。

　ADHDの男女比にはさまざまな研究報告がされているが，一般的に男子のほうが多いとされている。しかし，ADHDをもつ女子の特性は不注意優勢型が多いという報告もあり，このことから考えると，学校やそのほかの場面で大人の注意を引くのは「目立つ子ども」であり，結果的に女子のADHDに対する気づきが多動・衝動性の強い男子に比べて少なくなっているのではないかという分析もある。

　ADHDの支援には，行動療法的アプローチをはじめ，自己コントロール，実行機能の補佐などがあげられるが，これらはADHDに特化した支援ではなく，ほかの発達障害にも共通するものであり，あくまでも個別に組まれるべきものである。投薬によって集中力の向上，多動・衝動性の軽減が見られることもあるが，これは治療ではないため，認知的・環境的アプローチも必ず平行して実践することが不可欠である。

　自閉症スペクトラム障害（ASD）　ASDという呼び方は定着した感があるが，これは臨床的な診断名ではない。国際的な診断基準である『DSM─IV─TR』，（米国精神医学会，2000）『ICD─10』（世界保健機関（WHO），1992）では「広汎性発達障害」に分類される。ASDに含まれるのは，そのなかでも「自閉性障害」，「小児自閉症」，「アスペルガー症候群（障害）」，「特定不能の広汎性発達障害（非定型自閉症）」などである。ASDにはすべての水準のIQが含まれる。すなわち，知的障害をもつASDから一般に「高機能」と呼ばれる知的障害をもたず，また高い知能レベルをもつものまで広範囲にわたっている。ASDにおける男女比は5ないし4：1と男子のほうが多いとされているが，確定にはいたっていない。

ASD に見られる特性は非常に多岐にわたっており，一概に特定することは不可能であるが，ウィング（Wing）は ASD に共通してみられる特性，① 特異な社会性，② コミュニケーションの困難性，③ 想像力の障害（またそれに付随する強いこだわり），いわゆる「三つ組」を見出した。これら各特徴の程度は個人独特のものであり，診断名によってはっきりと境界線が引けるものではない。つまり，これらの症状はスペクトラム（連続体）として認識すべきであるという動きが近年活発化して ASD という呼称が一般に広まっている。

　ASD の特性は概して，この障害をもつ児童生徒の生活に顕著な影響を及ぼすが，とくに問題となるのは，その特異な社会性である。ASD には社会性が欠如しているといわれることもあるが，それはまちがっており，定型発達とは異なったもの，または社会性スキルの不足ととらえるべきである。ASD の社会性に関連する問題は，相手，または自分の気持ちの理解が困難または独特，社会的な暗黙のルールの理解不足，場面に応じた社会性スキルの適用・般化が困難などさまざまである。

　「三つ組」の特徴に加え，ASD の感覚敏感性に関連する特性についての研究も最近注目されてきている。つまり，各感覚領域における過敏，または鈍麻性が ASD の行動，社会性に影響していると考えられ，行動・認知面のアプローチのみならず，感覚敏感性を考慮した支援も今後さらに必要になるであろう。

　ASD の研究・支援法開発は近年さらに活発になってきており，支援マニュアルも多く存在するが，ASD の特性が個別，また広範囲にわたっている以上，個人の綿密な**アセスメント**を基にした支援実践は今後も守っていくべき姿勢といえる。　　　　　　　　　　　　　　　　　　　　　　　　　　　　　　　　　［萩原］

参考文献

ローナ・ウィング　久保紘章・清水康夫・佐々木正美監訳　1998『自閉症スペクトル』東京書籍
バークレー　2000『ADHD のすべて』ヴォイス
ラッセル・A・バークレー　海輪由香子訳，山田寛監修「バークレー先生の ADHD のすべて」ヴォイス
杉山登志郎　2007『発達障害の子どもたち』講談社

問題 55　帰国子女と外国人児童の学校教育における支援の現状と課題を述べよ

「帰国子女」と「外国人児童」の特徴　「帰国子女」とは，親の海外赴任など本人の意志とは関係なく親に同行し，海外での長期滞在生活を経て帰国した学齢期前後の年齢にある子女をいう。「外国人児童」とは，外国籍をもつ児童で，**オールドカマー**と呼ばれる在日韓国・朝鮮人の児童，**ニューカマー**と呼ばれる日系人を含む外国人の同伴する児童をさす。「帰国子女」と「外国人児童」の共通点は，日本と日本以外の文化的背景を両方取り込んでいることである。しかし「帰国子女」は「日本人国籍」をもち，家族は中産階級以上に属する場合が多いが，「外国人児童」の場合は「外国籍」をもち，南米やアジアからの家族の場合，社会的に低い階層への定位を余儀なくさせられる場合が多い。

「帰国子女」への施策　文部科学省は帰国子女の教育の施策の概要において，「国内の学校生活への円滑な適応」をするだけでなく，「帰国児童生徒の特性の伸張・活用を図る」と明記しており，具体的には日本語指導に対応した教員の配置，地域の支援体制モデルの調査研究，帰国児童生徒教育担当の指導主事や教員を対象とした研究協議会の開催，国立大学・学部付属学校への帰国子女教育学級等の設置，高等学校・大学入学選抜における特別な配慮など，施策を講じている（文部科学省，2008）。

「帰国子女」の支援の課題　「帰国子女」の支援の課題は，日本語や日本社会への適応に重点がおかれがちで，帰国子女の多様性に見合う支援が十分でない点である。「帰国子女」というと「英語が話せる」「自己主張ができる」といった肯定的なイメージから，「協調性がない」「日本語や日本の習慣がわからない」といった否定的なイメージまであるが，いずれも画一的なものであり，個々人の多様性を真に理解することにならない。

「帰国子女」のなかには，英語圏だけでなく，アジア圏に滞在していた者もおり，英語が必ずしも得意でない児童もいる。滞在期間も1, 2年という短期

間と10年以上の長期間とでは体験がまったく異なる。箕浦（1991）は，アメリカに駐在した子どもの適応について面接調査を実施し，子どもの異文化への適応には，発達要因と環境要因が関係しており，とくに滞在時期と渡航時年齢という発達要因が子どもの適応に影響を与えるという。子どもの**第2言語習得の臨界期**は9歳前後にあり，また**対人関係領域ルール習得の臨界期**は，13歳から15歳ごろにあるという。つまり，帰国子女といっても，これらの**臨界期**に海外ですごしたか，あるいは日本にすでに帰国していたかによって，言語や対人関係様式のあり様が異なるのである。「帰国子女」の支援には，このような発達の経緯を理解したうえで行うことが重要である。

日本への適応の支援においては，「日本人」のようになるための「**外国はがし**」のような指導ではなく，帰国子女が自分たちの過去を肯定的にとらえ，その特性を伸ばすような教育が必要である。帰国子女を日本人との類似性を強調してその違いを目立たなくするのではなく，帰国子女が海外での経験を語り，日本人の生徒たちと共有して，その違いをむしろ認められるような環境づくりをしていく支援が必要である。

「外国人児童」への施策　文部科学省は，「**国際人権規約**」と「**児童の権利に関する条約**」に基づき，外国人児童に学習機会を認めている（中西・佐藤, 1995）。施策において「授業料不徴収，教科書の無償給与など，日本人児童生徒同様に取り扱う」こと，また「日本語指導や生活面・学習面での指導に**特段の配慮が必要である**」とし，そのうえで国際教室の設置，指導主事や教員の研究協議会の開催など施策を講じている（文部科学省, 2008）。都道府県や市町村では，日本語指導などを担当する教員・非常勤講師・日本語指導協力者等の配置，教師用指導資料や日本語指導教材の作成，担当教員の連絡協議会や研修会の開催などを行っている。**第三セクター**（非営利団体や市民ボランティア）では，外国人児童生徒の日常のニーズに寄り添うかたちで，学習支援や相談業務などを行っている。

「外国人児童」支援の課題　現在の施策の課題は，日本語指導と適応指導が中心となっており，「日本人になるための」教育が中心となっている。外国人

児童に学習機会を認めているものの，「親の希望」が前提であるため，親からの申し出がなく，朝鮮学校やブラジル学校などの各種学校に就学しない場合，「不就学」になってしまう。外国人保護者への就学義務を含めた制度上の見直し，必要な情報を提供する地域のサポートネットワークの充実が必要となる。

　学校教育における外国人児童支援の最も重要な課題は，**周辺化**されがちな「外国人児童」が，出身国の文化やエスニシティに自信を見出しうる環境をつくることである。そのために，教師の指導力が課題となる。「外国人児童」は，日本語力の低さから，教師からは「特段の配慮」を受けるが，教室の人間関係において周辺化されいじめにあうことも多い。そのような自分を守るために，学校を回避し欠席したり，学校以外での自己の優位性を見せるために**逸脱行為**をしたりすることも多い。そのような児童の心理のなかには，自分が受け入れられないことへの「**不安**」が常にあるといえよう。外国人児童の心を理解し，日本人生徒が受け入れられるよう働きかける教師の指導力が求められる。

　ニューカマーの児童のなかには，日本語の会話能力があるため「特段の配慮」が必要ないと見過ごされる外国人児童の問題もある。実は勉強や進学に「**不安**」を感じ，「**会話的能力**」として日本語は話せても，「**学力に結びついた言語能力**」が不足しているゆえに，のちに高校進学の段階で低学力にとどまる問題がある（清水，2006）。そのような児童の心理を理解できる教員や周囲の支援体制が求められる。

　「外国人児童」とはいっても，来日時の年令，出身国の社会・文化的背景によってその家庭環境や教育戦略は大きく異なる（児島，2006；清水 2006）。「外国人児童」を取り囲む家族や社会状況の理解のもと，日本人になるための教育というより，外国人児童が自らのエスニシティに自信をもつ学校内外での機会を増やす支援が必要となる。　　　　　　　　　　　　　　　　　［浅井］

参考文献	
清水睦美　2006『ニューカマーの子どもたち』明石書房	
箕浦康子　2003『子どもの異文化体験　増補改訂版』新思索社	

第12章　児童期から青年期へ

問題 56　児童期から思春期にかけての心身の発達について述べよ

思春期とはいつをさすか　一般に女子では 10～12 歳，男子では 12～13 歳ごろころから，急激な身体の発達が始まる。子どもの間は分泌量が抑えられている性腺ホルモンがこの時期から増大し，それが成長ホルモンの分泌の増加を促すのである（斎藤，1995；タナー，1993）。人によっては1～2年の間に身長が 10～15cm も伸びるなど身体の量的増大が著しい。また身体が質的に変化し，女子では乳房の発育が始まり初潮を経験するし，男子では声変わりが起こる。この**第二次性徴**が起こる時期を思春期と呼ぶ。こうした成長の時期は個人差が大きく，同じ年齢でも身長・体重や成熟の度合いはさまざまである。

身体の変化が自らの意志とは必ずしも関係なく起こるという点に思春期の特徴がある。むろん成長や老化は常に意志とは無関係に起こるものではあるが，とくに思春期は性的な成熟という質的に大きな変化を伴うだけに，心理面にも大きな影響を及ぼしがちである。

発達加速現象　ある身体発育水準が前の世代より増大したり，より低年齢で出現するようになることを**発達加速現象**という。たとえば日本人の 17 歳男子の平均身長は，1900（明治 33）年に 159.4cm であったのが，2000（平成 12）年には 170.8cm となっており，100 年で 10cm 以上高くなっている（文部省，1955；文部科学省，2001）。性的成熟の時期も早まる傾向があり，女子の初潮年齢は 1961 年に 13 歳 2.6 カ月であったものが，2002 年には 12 歳 2 カ月と 40 年あまりで 1 年以上早くなっている。1990 年代以降，日本では身長の伸びは停滞しているが，初潮年齢はわずかながら早まっており，日本女性は世界的に見ても最も早熟な集団の一つであるといえる。また近年は，以前は見られた大都市と地方都市や郡部の差異が見られなくなってきている（日野林，2007）。

こうした現象の原因はよくわかっていない。昔よりも栄養が豊かになったと

いう栄養説，社会経済条件の変化，都市化刺激説など多くの仮説が立てられたが，いずれも単一で現象を説明するにいたってはいない。(日野林，2007)。

早熟と晩熟　成長には個人差が大きく，全国的な報告を見ると小学校4年で初潮を迎える女子が6.8%いる一方，中学3年でも未潮の女子が1.2%存在する（日野林，2007）。このような早熟か晩熟かといった身体的発達の個人差は心理行動面にも大きく影響する。従来から男子は早熟のほうが，女子の場合は晩熟のほうが自己イメージが肯定的であったり，心理的に安定していたり，仲間からの人気が高いと指摘されてきた（斎藤，1995；遠藤，2000）。この理由として，男子の場合はより大きく成熟した身体のほうが男性役割に合致しており，早熟であることが往々にして運動能力の増大も伴うため，同年代の仲間と比べて自尊感情を高めやすいことがあげられる。いっぽう，女子にとっては成熟した身体は必ずしも理想的ではない場合があり，**性役割**も個人が望む理想と一致しないことがある。現在でもこの傾向は変わっておらず，男子では発育のスパートや第二次性徴がとくに心理的な不適応と目立った関係をもたないのに対し，女子では早熟な者のほうが抑うつ的であり（向井・伊東，1995；田中，2006；上長，2007a），初潮の経験者のほうが未経験者より体重増加を防ぐために摂食を控える傾向にある（上長，2007b）。このような成長期での体重増加を抑制する傾向は，**摂食障害**のきっかけにもなりうることから注意が必要である。

思春期の自己意識　以上のように，小学校高学年から中学にかけては身体の発達に伴って心理的な再適応が要求される。自らの変わりゆく身体に適応するだけでなく，身体が変わることで引き起こされる他者からの視線の変化にも対応しなければならない。こうした変化は否応なく自分自身への関心を高め，外見にこだわったり，内面について悩む行動に結びついてゆくと考えられる。

［戸田］

参考文献	遠藤由美　2000『青年の心理　ゆれ動く時代を生きる』サイエンス社

第12章　児童期から青年期へ

問題57　思春期の性意識と性的発達について説明せよ

性受容と性役割　男女の区別は身体的・物理的な特徴によって分けられるが、そのような性別（セックス）と、後天的に獲得された社会的な性（ジェンダー）とは、重なり合いながらも同じではない。思春期は自分の意志とは無関係に身体が性的な成熟をとげてゆくため、否応なく性を意識せざるをえない時期といえる。外見に関心が向くのもその影響であろうし、性的な存在としての自分を受け入れていかなければならない。

　さらに身体的な性を受容することと、**性役割**を受け入れることとは異なる。性別に基づいて社会から期待される性役割は、文化によって異なり一律ではない。また時代や社会の情勢によっても変化する。たとえば従来、日本で男性に求められる性役割として「自己主張できる」ことや「指導力がある」ことがあがっていたが（柏木, 1972）、近年ではこれらは男女双方に求められる傾向がある（後藤・廣岡, 2003）。ただし、一般的な男性役割は社会的に高く評価される内容が多く、男性にとって性役割を受け入れることはそれほど難しくないのに対し、女性に求められる役割はかわいらしさや愛嬌など高くは評価されない部分も含まれている。「自分にとってあまり重要とは思えないことを社会からは望まれる」という図式が、女性の性役割受容を困難にしている傾向は1970年代から指摘されているが、現在それが完全になくなったとはいえない。

　性行動の変化　日本の若者の**性行動**は、近年かなり大きく変化している。日本性教育協会（2007）の調査では、性交を体験する者が同年代のなかで5割を超えるのは1987年には男性21歳、女性22歳だったのが、2005年にはそれぞれ19歳と20歳となり、2年ほど早まっている。キスの経験では、1987年に中学生男女が6%前後の経験率であったのに対し、2005年では中学生男子15.7%、中学生女子で19.2%と、20年弱の間に3倍程度増加している。

　こうした性行動の低年齢化の原因として、性に対する規範の変化とともに、

ポルノグラフィーなどの性情報に対するわが国の規制の乏しさが指摘されている。たとえば，コンビニエンスストアで児童が自由に手に取ることのできる場所に性情報を満載した雑誌やマンガなどが置かれており，なんの規制もされていない現状がある（木原，2006）。いっぽう，インターネットなどでの性情報の氾濫を懸念する声も多いが，主にパソコンからインターネットを利用する青少年層と，携帯メールを多用する青少年層とでは特徴や社会背景が異なり，後者のほうが性行動が活発であるとの分析もある（日本性教育協会，2007）。

性にまつわる問題と性教育 このような性行動の活発化，低年齢化に伴い，**性感染症**の蔓延と望まない妊娠の増加が懸念されてきた。わが国では一時，若年層でのこうした問題が増加したが，2000〜2002（平成12〜14）年をピークに，HIV以外の性感染症の罹患率も**人工妊娠中絶**もほぼすべての年代で緩やかな減少に転じている（厚生労働省，2007a, b）。これは関係者による地道な性教育が広まってきたことにも一因があろう。高校生と大学生に調査した結果では，授業や教科書を性知識の情報源とする者は，避妊や性感染症について正しい知識をもち，実際に性行為に臨む者もより確実な方法で避妊を行っていた。またこうした影響は女子より男子に強かった。しかし異性の生理や心理についての知識はさほど高くない（日本性教育協会，2007）。また人工妊娠中絶が微減したのは中絶用ピルの使用が増えたからではないかという意見もある（木原，2006）。いっぽうで，HIV感染者は20代を中心に年々増加しており，予断を許さない状況である（内閣府，2008）。性教育に対しては，現在の学校での教え方が「性行為」教育であり行きすぎであると非難する層がある一方，現実には仲間やメディアによる誤った情報を鵜呑みにして被害をこうむったり，被害を与えたりする者も存在するのが実態である。　　　　　　　　　　　　　　　　［戸田］

参考文献　木原雅子　2006『10代の性行動と日本社会　―そしてWYSH教育の視点』ミネルヴァ書房
日本性教育協会編　2007『「若者の性」白書　第6回青少年の性行動全国調査報告』小学館

問題 58　児童期から青年期までの発達の特徴を認知面を中心に述べよ

　小学校高学年から中学生にかけて，発達に質的変化が生じるという研究者は多い。たとえば**フロイト**（Freud, S）は，**第二次性徴**の始まるこの時期を「潜伏期」から「思春期（性器期）」に移る時期だとし，自分の性別を再認識する時期だとした。**エリクソン**（Erikson, E. H.）は仲間に目を向け，知的，社会的，身体的技能を習得する「勤勉性　対　劣等感」の時期から，自己に対する探求が課題となる「**自我同一性　対　同一性の拡散**」の時期だとした。**ブルーナー**（Bruner, J.）は，知覚的イメージが重要な役割をもつ「**映像的表象**」の時期から，思考が柔軟性，抽象性を増す「**象徴的表象**」に入る時期だと考えた。**ピアジェ**（Piaget, J.）は 12，3 歳以上，つまり中学生以上を**形式的操作期**とした。

　ピアジェは，形式的操作期について次のように考えた。形式的操作期は，**具体的操作期**とは異なり，形式的・抽象的な水準で操作が行われ，論理的命題による思考を行う時期である。また，「もし～ならば，…である」といった，仮説を立てて事実を予想することができるようになり，変数を一つひとつ分離して体系的実験が行える時期だとした。具体的操作期では目立っていた自己中心性の**脱中心化**が進み，数，物質量，重さなどについて，見かけが変化しても本質は変化しないことを理解するようになる。そしてこれらの認知能力発達をベースに具体物があれば論理的な推論ができる具体的操作期を脱し，具体を離れ，形式・抽象による思考ができるようになる時期とした。

　ここでの形式とは言葉や数字などである。具体物を離れ，言葉や数字を操作して概念をつくることが可能になることで，平和や勇気などの具体物のない**抽象概念**を考えることができるようになり，仮説をたてて考えるという，**仮説演繹的思考**ができるようになると考えられる。

　こうして，青年期に近づくにつれて，思考は抽象性を増大し，直接経験しない事象や事物について考えることができるようになり，哲学的，社会的，政治

的な問題について，思索することが可能となる。しかし，脱中心化が進むことは，別の側面ももっている。

　脱中心化が進むことは，自分や他者を複数の視点で考えることに結びつく。**サリヴァン**（Sullivan, H. S.）は，青年期とは児童期までの自己中心性という幸運な安全柵が取り払われる危機をはらんだ時期だととらえている。脱中心化がすすんだ結果，児童たちは，自分自身や自分の両親，自分の家族について客観的に見ることができるようになり，その結果，子どもたちには悩みが生じるという。加えてこの時期は，第二次性徴の始まる時期でもある。女の子は女の子らしい体つきになり，男の子は身長が急に伸び，男らしさが増す。この身体的変化は親に秘密をもつことにつながる。**ブロス**（Blos, P）はこの時期を，親から心理的な距離をおくことで，自立して「個」を確立してゆく第二の**分離一個体化**の時期だとしている。こうして子どもたちは，親になんでも話し，親を心から信頼し甘えていた児童期から，思春期といわれる，それまでの児童期と違って少し扱いにくい時期にはいると考えられる。

　ところで人間の発達は，単調増加的に発達すると考えがちである。しかしこの時期の児童生徒の認知的な発達は，単調増加的でないという報告が多く（Piaget, 1974; 青木，1988, Sielger, 1976; Strauss, 1982）。つまり，課題の成績が，一時期下がる時期があるというのである。他方で，認知発達以外の研究でも，この時期の課題成績が下がるというものが多い。たとえば，**スクールモラール**の研究によると，学習への意欲，教師への態度，テストへの適応など，小学校6年生の後半から中学1年生で大きく下がることが知られている。このように，児童期後半から青年期にかけては，学校が小学校から中学校に変わるという社会文化的な変化だけでなく，第二次性徴という生物学的な変化，認知の変化など，いろんな変化が重なる，たいへん不安的な時期であることがうかがえる。

［青木］

参考文献	青木多寿子　2002『認知発達の心理学　U字型発達曲線の解釈に見る青年前期の認知特性』九州大学出版会 宮原英種・宮原和子　1996『発達心理学を愉しむ』ナカニシヤ出版 長尾博1991　『ケース青年心理学』有斐閣ブックス

第 12 章　児童期から青年期へ

問題 59　児童の携帯電話，ネットの使用の影響について心理学的に考察せよ

2007年の内閣府の調査によると，90％を超す高校生，57.6％の中学生，31.3％の小学生が**携帯電話**を所持しているという。他方で生活に欠かせないこれらの携帯やインターネットには利便性の裏に数々の危険があることが指摘されている。

携帯の使用はメールだけはなく，サイトも使われる。サイトには携帯会社が供給する公式サイトだけでなく，口コミで広がる勝手サイトと呼ばれるものがあり，子どもたちの人気となっている（藤川，2008）。これらは一見，害のないゲームやプロフィールを交換しあうサイト（プロフ）であったりする。しかし子どもが集まるサイトには，子どもになりすまして子どもに近づき，子どもの情報を得て，出会い系サイトのように使おうとする大人が集まる場所にもなる危険性がある。実際の犯罪につながったケースもあるという。

インターネットにも危険が存在する。児童ポルノ画像，わいせつ画像，覚醒剤など薬物の販売に関する違法行為，自殺サイト，脅迫等の違法行為の請負など，国民生活を脅かす有害情報の掲示板が多数存在し，誰もがアクセスできる状況にある。子どもの裸体画像や性的残虐画像も氾濫しており，ときとして，これらの情報に刺激を受けて，自ら実行することを動機づけられた大人があらわれ，子どもが暴力的性犯罪に巻き込まれる事例もある（『警察白書』平成18年）。

子どもの書き込みも仲間関係に深刻な影響を及ぼしている。文部科学省が発表した2006年度のいじめの件数は1万2489件で，このうちの3.9％がネットいじめであった。2007年に文科省が設置した「ネット安全安心国推進会議」が学校の裏サイトの調査を行った結果，全国で3万8260の裏サイトが確認された。**裏サイト**は，誹謗・中傷するものばかりではないが，ある三つの県の2000の裏サイトを詳しく調べた結果，「ウザイ」や「キモイ」などの中傷表現にあたるものを含むものが50％，わいせつな表現は37％，「殺す」「死ね」な

どの暴力表現を含むものが27%あったという。ところで携帯電話の危険を回避する手段として、フィルタリング機能が取り上げられる。しかしこれは過信できない。なぜならこれでは上記の悪意ある掲示板へのかかわりを防げない。「モデル募集」など出会い系サイト関連のメール、登録した個人情報や写真の流出、友人からの悪意のあるメール、出会い系サイトに子どもたちを誘う大人が流したデマのダイレクトメールなどを防ぐことはできない。

携帯電話やネットは子どもたちに心理的な影響を与えることが予測できる。一つは軽い気持ちで自分の画像を送ってしまった子どもは一生悔いを残す可能性がある。一度流出した画像は簡単に世界中に出回るからである。また軽い気持ちでの書き込みがトラブルの原因となったとき、被害者だけでなく、加害者になった子どもに心に大きな傷を残す可能性もある。流出している、アダルトビデオのレベルを超えるわいせつ画像、テレビや映画のレベルを超える残虐な画像など、極端な画像を目にすれば小中学生、高校生の人格形成への悪影響が心配される。

他方、思春期は親離れする時期であり、孤独や不安を感じやすい時期でもある。河合（2004）はこの時期に携帯電話で誰かに伝えると、すぐに返事が返ってきて、そこで**孤独**や**不安**が解消されたような気になることを問題視する。これでは孤独や不安は自分のなかで醸成することなく、ただまき散らしているだけで根本的な解決にならないからである。この種の不安は家のなかではき出していかなければならないのに、子どもはメールや書き込みを頼る。しかしメールは発信を受信しても発信者の心まで受け止めてはくれない。こうして子どもの孤独感や不安は解消されず、イライラは積もるうえ、親や家族は、子どもたちの「心の叫び」に気づきにくくなる。他方で「3分以内に返事をしないと無視されたと考える」という3分ルールに縛られていては、好きなことに熱中する集中力を育てる時期に、これを育ちそこねる可能性もあるだろう。　［青木］

参考文献	
藤川大祐　2008『ケータイ世界の子どもたち』講談社現代新書	
河合隼雄　2004『父親の力母親の力』講談社＋α新書	
「特集：安全・安心なインターネット社会を目指して」『警察白書　平成18年度』警察庁	

引用文献

Alexander, K. L., & Entwistle, D. R. 1996 Schools and children at risk. In A. Booth & J. F. Dunn (Eds.), *Family-school links: How do they affect educational outcomes?* Hillsdale, N. J.: Erlbaum. Pp. 67-88.

青木多寿子 1988「重さの加法性判断における判断の質的変化及び性差に関する研究」『教育心理学研究』**36**, 327-332.

青木多寿子 1999「理科の授業過程の理解」多鹿秀継編著『認知心理学からみた授業過程の理解』北大路書房

蘭千壽編 1992『セルフ・エスティームの心理学―自己価値の探求―』ナカニシヤ出版

麻生武・浜田寿美男編 2005『よくわかる臨床発達心理学』ミネルヴァ書房

Atkinson, J. W. 1958 Towards experimental analysis of human motivation in terms of motives, expectancies, and incentives. In J. W. Atkinson (Ed.), *Motives in fantasy, action, and society.* Princeton, N. J.: Van Nostrand. Pp. 288-305.

東 洋 1994『日本人のしつけと教育―発達の日米比較にもとづいて―』東京大学出版会

Baron-Cohen, S., Leslie, A.M.,& Frith, U. 1985. Does the autistic child have a "theory of mind"? *Cognition,* **21**, 37-46.

ベルスキー, J.・ケリー, J. 1995『子供をもつと夫婦に何が起こるか』草思社

ベネッセ教育研究開発センター 2004「第1回子ども生活実態基本調査報告書」

ベネッセ教育研究開発センター 2005 平成16・17年度文部科学省委嘱調査「義務教育に関する意識調査」中間報告

米国精神医学会／高橋三郎・大野裕・染矢俊幸翻訳 2000『DSM-IV-TR 精神疾患の診断・統計マニュアル』医学書院

Berk, L., 2006 *Development Through the Lifespan* (4th ed.), Allyn & Bacon

Brazelton, B., &Greenspan, S, I.／倉八順子訳 2004『こころとからだを育む新育児書』明石書店

Broadwin, I.T. 1932 A contribution to the study of truancy, *American Journal of Orthospcyhiatry,* **2**, 253-259.

Bronfenbrenner, U. 1979 *The ecology of human development: Experiments by nature and design.* Cambridge: Harvard University Press.（磯貝芳郎・福富護訳 1996『人間発達の生態学（エコロジー）―発達心理学への挑戦―』川島書店）

Brown, A.L. 1997 Transforming Schools Into Communities of Thinking and Learning About Serious Matters, *American Psychologist,* **52** (4), 399-413.

Brown, A.L., Ash, D., Rutherford,M., Nakagawa, K., Gordon, A., & Campione, J.C. 1993 Distributed expertise in the classroom. In G. Salomon (Ed.) Distributed cognitions:

Psychological and educational considerations. Cambridge, UK: Cambridge University Press.（アン・L・ブラウン，ドリス・アッシュ，マーサー・ラザフォード，キャサリン・ナカガワ，アン・ゴードン，ジョセフ・C・キャンピオン 2004「教室での分散専門知識」ガブリエル・ソロモン編／松田文子監訳『分散認知―心理学的考察と教育実践上の意義』（現代基礎心理学選書9）協同出版）

Bruer, J, T 1993 Schools for Thought. *A Science of Learning in the Classroom.* Cambridge, M. A: The MIT Press.（松田文子・森敏昭監訳 1997『授業が変わる―認知心理学者と教育実践が手を結ぶとき』北大路書房）

Buhrmester, D. & Furman, W. 1986 The changing functions of friends in childhood : A neo-sullivanian perspective. In V. J. Derlega & B.A. Winstead（Eds.）*Friendship and social interaction.* Springer-Verlag. Pp. 41-62.

Carey, S., Evans, R., Honda, M., Jay, E., & Unger, C. 1989 An experiment is when you try it and see if it works: A study of grade7 student's understanding of the construction of scientific knowledge. *International Journal of Science Education,* 11, 514-529.

Case,R. 1992 The mind's staircase: Exploring the conceptual underpinnings on children's thought and knowledge. *Hillsdale,* NJ: Erlbaum

Cazden, B.C. 2001 Classroom discourse: the language of teaching and learning（2nd.ed.）Portsmouth, NH: Heinemann.

Chen, C., & Stevenson, H. W. 1995 Motivation and mathematics achievement: A comparative study of Asian-American, Caucasian-American, and East Asian high school students. *Child Development,* 66, 1215-1234.

Cloninger, C. R., Svrakic, D. M., & Przybeck, T. R. 1993 A psychobiological model of temperament and character. *Archives of General Psychiatry,* 50, 975-990.

Coopersmith, S. 1967 *The Antecedents of Self-Esteem.* SanFransisco: Freeman

Crick, N. R., & Dodge, K.A. 1994 A review and reformulation of social information-processing mechanisms in children's social adjustment. *Psychological Bulletin,* 115, 74-101.

Crouter, A. C., MacDermid, S. M., McHale, S. M., & Perry-Jenkins, M. 1990. Parental monitoring and perceptions of children's school performance and conduct in dual-and single-earner families. *Developmental Psychology,* 26, 649-657.

Deci, E. L., & Ryan, R. M.（Eds.）2002 *Handbook of self-determination research.* New York: University of Rochester Press.

出口拓彦・中谷素之・遠山孝司・杉江修治 2006「児童・生徒の社会的責任目標と学級適応感・学習動機の関連」『パーソナリティ研究』15（1），48-51.

Dodge, K. A. 1980 Social cognition and children's aggressive behavior. *Child Development,* 51, 162-170.

Dodge, K. A., Murphy, R. R., & Buchsbaum, K. 1984 The assessment of intention-cue detection skills in children: implications for developmental psychology. *Child Development,*

55, 163-173.
Dweck, C. S. 1975 The role of expectations and attributions in the alleviation of learned helplessness. *Journal of Personality and Social Psychology,* **31**, 674-685.
Eisenberg, N. 1992 *The caring child.* Harvard University Press.（アイゼンバーグ，N.／二宮克美・首藤敏元・宗方比佐子共訳 1995『思いやりのある子どもたち』北大路書房）
遠藤由美 2000『青年の心理　ゆれ動く時代を生きる』サイエンス社
藤田英典 1996「共生空間としての学校―学びの共同性の基盤と可能性」佐伯胖・藤田英典・佐藤学『学びあう共同体』（シリーズ学びと文化6）東京大学出版会
藤枝静暁・相川充 2001「小学校における学級単位の社会的スキル訓練の効果に関する実験的検討」『教育心理学研究』**49**, 371-381.
藤川大祐 2008『ケータイ世界の子どもたち』講談社
藤村宣之 2002「児童の経済的思考の発達：商品価格の決定因に関する推理」『発達心理学研究』**13**, 20-29.
藤田敦 2005「属性操作に関する事例の教示が概念の般化可能性に及ぼす効果―気圧の力学的性質の概念受容学習―」『教育心理学研究』**53**, 393-404.
深谷昌志 2008「日本の子どもはどう遊んできたのか―昭和初めから、遊ぶ子どもの姿を振り返る」『児童心理』**62**（2），82-87.
深谷昌志・深谷和子・高旗正人編 2006『いま，子どもの放課後はどうなっているのか』北大路書房
Furth, H. G. 1980 *The world of grown-ups: Children's conceptions of society.* Elsevier North Holland.（加藤泰彦・北川歳昭編訳 1988『ピアジェ理論と子どもの世界―子どもが理解する大人の社会―』北大路書房）
伏見陽児 1991「焦点事例の違いが概念の学習に及ぼす効果」『教育心理学研究』**39**, 409-418.
Fuson, K. C. 1992 Research on learning and teaching addition and subtraction of whole numbers. In Leinhardt,G., Patnam, P., & Hattrup, R. A.（Ed.）, *Analysis of arithmetic for mathematics teaching* Erlbaum.
Gelman, R., & Gallistel, C. R. 1978 *The child understanding of number,* Harvard University press.
後藤淳子・廣岡秀一 2003「大学生における性役割特性語認知と性役割態度の変化」『三重大学教育学部研究紀要』**54**, 145-158.
Groen, J. G., & Parkman, J. M. 1972 A chronometric analysis of simple addition. *Psychological Review,* **79**, 329-343.
Grolnick, W. S., & Ryan, R. M. 1989 Parent styles associated with children's self-regulation and competence in school. *Journal of Educational Psychology,* **81**, 143-154.
浜田寿美男 2003「学校は子どもたちにとってどういう場所としてあるのか」浜田寿美男・小沢牧子・佐々木賢編『学校という場で人はどう生きているのか』北大路書房，Pp. 10-42.
Hart, R.A. 1977 Children's Participation: the theory and practice of involving young citizens

in community development and environmental care, *EARTHSCAN,* London(ロジャー・ハート 2000『子どもの参画―コミュニティづくりと身近な環境ケアへの参画のための理論と実際』萌文社)
橋口英俊 1992『新・児童心理学講座　身体と運動機能の発達』金子書房
波多野誼余夫・稲垣佳世子 1984『知力と学力』岩波書店
速水敏彦 1990『教室場面における達成動機づけの原因帰属理論』風間書房
速水敏彦・潘益平 1992「技能学習の動機づけ」『名古屋大学教育学部紀要』(教育心理学科), **39**, 63-75.
日野林俊彦 2007「青年と発達加速」南徹弘編『発達心理学』朝倉書店 Pp. 175-188
平野直己 2003「第1章 学校臨床心理学とは」伊藤美奈子・平野直己編『学校臨床心理学・入門』有斐閣, Pp. 1-19.
Hoffman, M.L. 2000 *Empathy and moral development: Implications for caring and justice.* Cambridge University Press. (ホフマン, M. L./菊池章夫・二宮克美訳 2001『共感と道徳性の発達心理学』川島書店)
放課後子どもプラン　http://www.houkago-plan.go.jp/
堀田香織 2004「いじめを生む個人内のメカニズム」坂西友秀・岡本裕子編著『いじめ・いじめられる青少年の心』北大路書房, Pp. 48-56.
http://benesse.jp/berd/center/open/report/gimukyouiku_ishiki/2007/index.shtml#hon(情報取得　2008/2/25)
http://www.nhk.or.jp/bunken/research/bangumi/kodomo/kekka.html
http://www8.cao.go.jp/youth/kenkyu/jouhou5/index.html
稲垣佳世子・波多野誼余夫 1998「学校化された学びのゆがみ」佐伯胖・黒崎勲・佐藤学・田中孝彦・浜田寿美男・藤田英典編『授業と学習の転換』(岩波講座　現代の教育3)岩波書店
伊藤亜矢子 2005a「学級風土アセスメント質問紙による包括的コンサルテーションシステムの構築」平成14〜16年度科学研究費補助金(若手研究(B))研究成果報告書
伊藤亜矢子 2005b「なじめない子を生む学級風土とその予防」『児童心理』**823**, 10-16.
伊藤亜矢子・松井豊 1996「学級風土研究の経緯と方法」『北海道大学教育学部紀要』**72**, 47-71.
伊藤亜矢子・松井仁 2001「学級風土質問紙の作成」『教育心理学研究』**49**, 449-457.
Johnson, A. M., Falstein, E. L., Szurek, S. A. & Sven dsen, M, 1941 School Phobia, *American Journal of Orthopsychiatry,* **1**, 702-708.
梶田叡一 1988『自己意識の心理学』東京大学出版会
上長然 2007a「思春期の身体発育と抑うつ傾向との関連」『教育心理学研究』**55**, 21-33.
上長然 2007b「思春期の身体発育と摂食障害傾向」『発達心理学研究』**18**, 206-215.
金田茂裕 2003「不備のある算数文章題に対する小学生と高校生の解決方略」『京都大学大学院教育学研究科紀要』**48**, 468-477.

金田茂裕 2004「小学生は答えが複数ある文章題をどのように解くか」『教育心理学研究』51, 187-194.
菅野純 2008「子どもから信頼される教師―その現代的意味」『児童心理』871, 2-10.
柏木惠子 2003『家族心理学』東京大学出版会
柏木惠子 1972「青年期における性役割の認知Ⅱ」『教育心理学研究』20 (1), 48-59.
柏木惠子・若松素子 1994「「親となる」ことによる人格発達：生涯発達的視点から親を研究する試み」『発達心理学研究』5, 72-83.
柏木惠子・古澤賴雄・宮下孝広 2005『新版　発達心理学への招待』ミネルヴァ書房
河合隼雄 2004『父親の力　母親の力；「イエ」を出て「家」に帰る』講談社
警察庁編『警察白書―特集　安全・安心なインターネット社会を目指して』平成18年版
木原雅子 2006『10代の性行動と日本社会―そしてWYSH教育の視点』ミネルヴァ書房
木村美奈子・加藤義信 2006「幼児のビデオ映像理解の発達：子どもは映像の表象性をどのように認識するか?」『発達心理学研究』17, 126-137.
清河幸子・犬塚美輪 2003「相互説明による読解の個別学習指導―対象レベル―メタレベルの分業による協同の指導場面への適用―」『教育心理学研究』51, 218-229.
Kohlberg, L. 1969 Stage and sequence: the cognitive-developmental approach to socialization. In D. Goslin (Ed.), *Handbook of socialization theory and research.* Rand McNally.（コールバーグ，L.／永野重史監訳 1987『道徳性の形成―認知発達的アプローチ―』新曜社）
児島明 2006『ニューカマーの子どもと学校文化』勁草書房
小嶋秀夫 2004「学習・学業達成と動機づけ」小嶋秀夫・森下正康『児童心理学への招待 [改訂版] ―学童期の発達と生活―』サイエンス社
児島邦宏・佐野金吾 2006『中1ギャップの克服プログラム』明治図書
小島康生 2002「ヒト乳幼児のきょうだい関係」『心理学評論』45巻3号
国立教育政策研究所編 2007『生きるための知識と技能3―OECD生徒の学習到達度調査（PISA）―』ぎょうせい
国立オリンピック記念青少年総合センター 2004「青少年の自然体験活動等に関する実態調査 平成16年事業報告書」
近藤邦夫 1994『教師と子どもの関係づくり』東京大学出版
厚生労働省大臣官房統計情報部 2005「人口動態統計」平成15年下巻，厚生統計協会
厚生労働省 2006「平成17年度国民健康・栄養調査結果」
厚生労働省 2007a「平成18年度　保健・衛生行政業務報告（衛生行政報告例）結果の概況」http://www.mhlw.go.jp/toukei/saikin/hw/eisei/06-2/index.html
厚生労働省 2007b「性感染症報告数」http://www.mhlw.go.jp/topics/2005/04/tp0411-1.html
厚生労働省 2009「児童相談所における児童虐待相談対応件数」http://www.mhlw.go.jp/houdou/2009/07/dl/h0714-1a.pdf
厚生労働省大臣官房統計情報部編 2007「国民生活基礎調査」厚生統計協会

子安増生 1996「認知の発達」大村彰道編『教育心理学Ⅰ　発達と学習指導の心理学』東京大学出版会
工藤与志文 2003「概念受容学習における知識の一般化可能性に及ぼす教示情報解釈の影響—「事例にもとづく帰納学習」の可能性の検討—」『教育心理学研究』51, 281-287.
栗山和広 1995「数概念」吉田甫・多鹿秀継編著『認知心理学からみた数の理解』北大路書房
Lampert, M. 2001 Teaching problems and the problems of teaching. *New Haven,* CT: Yale University Press.
Lave,J. 1988 *Cognition in Practice: Mind, Mathematics and Culture in Everyday Life,* Cambridge University Press.（ジーン・レイヴ 1995『日常生活の認知行動：ひとは日常生活でどう計算し，実践するか』新曜社）
Lewis, M., Young, G., Brooks, J., & Michalson, L. 1975 The biginnihg of friendship. In M. Lewis & L. Rosenbaum (Eds.), *Friendship and peer relations.* New York: Wiley. Pp. 27-66.
Limon, M., 2001 On the cognitive conflict as an instructional strategy for conceptual change: a critical appraisal. *Learning and Instruction,* 11, 357-380.
眞榮城和美 2006『自己評価に関する発達心理学的研究』風間書房
松田文子・永瀬美帆・小嶋佳子・三宅幹子・谷村亮・森田愛子 2000「関係概念としての「混みぐあい」概念の発達」『教育心理学研究』48 (2), 109-119.
松村茂治 1994『教室でいかす学級臨床心理学』福村出版
McGuire. S., & Neiderhiser, J. M. 1994 Genetic and Environmental Influences on Perceptions of Self-Worth and Competence in Adolescence: A Story of twins, Full Siblings, and Step-Siblings, *Child Development.* 65, 785-799.
Mehan, H. 1979 *Learning lessons: Social organization in the classroom Cambridge,* MA: Harvard University Press.
南博文 1995「子どもたちの生活世界の変容」内田伸子・南博文編『子ども時代を生きる—幼児から児童へ』（講座　生涯発達心理学 3）金子書房
南博文・難波元実・塚本俊明・小原潔・遠藤由美子・上向隆・吉田直樹・松崎えりか 1995「地域社会における子どもの遊び環境アセスメントと親子の環境体験プログラムの開発」『マツダ財団研究報告書』8.
箕浦康子 2003『子どもの異文化体験　増補改訂版』新思索社
ミニューチン, S. 1984 信国恵子訳『家族と家族療法』誠信書房
三島浩路 2008「小学校高学年で親しい友人から受けた「いじめ」の長期的な影響—高校生を対象にした調査結果から—」『実験社会心理学研究』48, 91-104.
三隅二不二・吉崎静夫・篠原しのぶ 1977「教師のリーダーシップ測定尺度の作成とその妥当性の研究」『教育心理学研究』25, 157-166.
水月昭道 2006『子どもの道くさ』東信堂
文部科学省　2001「平成 12 年度学校保健統計調査」http://www.mext.go.jp/b_menu/toukei/001/h12.htm

文部科学省 2003「就学前教育と小学校の連携に関する総合的調査研究実施要項」
文部科学省 2007「平成18年度体力・運動能力調査報告書」
文部科学省 2008「帰国・外国人児童生徒教育の充実」http://www.mext.go.jp/a_menu/shotou/clarinet/003/001.htm, 2008.3.31
文部省 1955「学校衛生統計報告書 昭和30年度」大蔵省印刷局
向井隆代・伊東明子 1995「思春期における身体的発達と抑うつ傾向の関係：縦断的研究」『日本教育心理学会第37回総会発表論文集』442.
無藤隆 1991「子どもの遊びと生活をどうとらえるか」
無藤隆 1994「幼児教育とは」岡本夏木・高橋恵子・藤永保編『講座幼児の生活と教育(1)』岩波書店
無藤隆・岡本祐子・大坪治彦編 2004『よくわかる発達心理学』ミネルヴァ書房
長坂光彦 1989「幼児画の発達段階表」森上史朗他編『最新保育用語辞典』ミネルヴァ書房
永田法子 2003「第5章 学校での面接の進め方」伊藤美奈子・平野直己編『学校臨床心理学・入門』有斐閣, Pp. 85-103.
内閣府 2007「第5回情報化社会と青少年に関する意識調査報告書」
内閣府 2008「男女共同参画白書 平成20年版」
中島伸子 1994「「観察によって得た知識」と「科学的情報から得た知識」をいかに関連付けるか—地球の形の概念の場合—」『教育心理学研究』43, 113-124.
中西晃・佐藤群衛 1995『外国人児童・生徒教育への取り組み』教育出版
中谷素之 1996「児童の社会的責任目標が学業達成に影響を及ぼすプロセス」『教育心理学研究』44 (4), 389-399.
Nelson-Le Gall, S. A. 1985 Necessary and unnecessary help seeking in children. *Journal of Genetic Psychology,* **148**, 53-62.
NHK放送文化研究所 2008「"子どもに良い放送"プロジェクト第5回フォローアップ調査結果報告」
日本PTA全国協議会 2007「子どもとメディアに関する意識調査 調査結果報告書」http://www.nrsquare.com/pta/book_kodomotomedia_h19/
日本性教育協会編 2007『「若者の性」白書 第6回青少年の性行動全国調査報告』小学館
日本総合愛育所編 2008『日本子ども資料年鑑』中央出版
新潟県教育委員会 2007『中1ギャップ解消に向けて：中1ギャップ解消プログラム』文書館
西山啓・鈴木理生・山中朋子・大谷哲朗 1982「教師の指導性に関する研究 (4)「生徒が学校で重視するもの」と「望ましい教師の類型」との関係」『中国・四国心理学会発表論文集』15.
西澤哲 1994『子どもの虐待：子どもと家族への治療的アプローチ』誠信書房
落合正行 2000「素朴理論の獲得」日本児童研究所編『児童心理学の進歩』2000年版 Vol. 39 金子書房
大渕憲一 2006「いじめにおける「からかい」」『児童心理』843, 23-28.

小川義和・下條隆嗣 2003「科学系博物館の単発的な学習活動の特性―国立科学博物館の学校団体利用を事例として―」『科学教育研究』27, 42-49.

小川義和・下條隆嗣 2004「科学系博物館の学習資源と学習活動における児童の態度変容との関連性」『科学教育研究』28, 158-165.

大畠みどり・本田千尋・北原麻理子・津久井敦子・中山純子・根本喜代江・小林正幸 2002「児童期における遊びと社会的スキルの関連―遊びの種類と頻度の視点から―」『東京学芸大学教育学部附属教育実践総合センター研究紀要』26, 111-126.

岡田努 1995「現代大学生の友人関係と自己像・友人像に関する考察」『教育心理学研究』44, 345-363.

岡本夏木 1984『ことばと発達』岩波書店

岡本夏木 2005『幼児期―子どもは世界をどうつかむか』岩波書店

尾見康博 1999「子どもたちのソーシャルサポートネットワークに関する横断的研究」『教育心理学研究』47, 1.

Ornstein, P. A., Naus, M. J., & Liberty, C. 1975 Rehearsal and organizational processes in children's memory. *Child Development,* **46**, 818-830.

大阪市こども青少年局 2008「就学前児童健全育成プログラム策定にかかる中間報告書」(平成19年度)

Parten, M .B. 1932 Social participation among pre-school children. *Journal of Abnormal and Social Psychology,* **27**, 243-269.

Perner, J., & Wimmer, H. 1985 "John thinks that Mary thinks that…" Attribution of second-order beliefs by 5-to 10-year-old children. *Journal of experimental child psychology,* **39**, 437-471.

Piaget, J. 1930 *Le jugement moral chez l'enfant.* (ピアジェ, J./大伴茂訳 1954『児童道徳判断の発達』同文書院)

Piaget, J. 1973 *La composition des forces et le probleme des vercteures.* Paris: Press Universitaires de France.

Pierroutsakos, S. L., & DeLoache, J. S. 2003 Infants' manual exploration of pictorial objects varying in realism. *Infancy,* **4**, 141-156.

Premack, D., & Woodruff, G. 1978 Does the chimpanzee have a theory of mind? *The behavioral and brain sciences,* **1**, 515-526.

Rosenthal, R., & Jacobson, L. 1968 *Pygmalion in the Classroom.* New York: Holt.

斎藤誠一 1995「自分の身体・性とのつきあい」落合良行・楠見孝責任編集『講座 生涯発達心理学4 自己への問い直し』金子書房 Pp. 23-56.

坂元章 1999「テレビゲームは社会的不適応を招くか」『児童心理』53, 111-118.

坂西友秀 2004「いじめとは」坂西友秀・岡本裕子編著『いじめ・いじめられる青少年の心』北大路書房, Pp. 2-7.

桜井茂男 1998『自ら学ぶ意欲を育む先生』図書文化

桜井茂男・高野清純 1985「内発的―外発的動機づけ測定尺度の開発」『筑波大学心理学研究』7, 43-54.

Samarapunguvan, A., 1992 Children's judgments in theory choice tasks: Scientific rationality in childhood. *Cognition*, **45**, 1-32.

三宮真智子 1996「思考におけるメタ認知と注意」市川伸一編『認知心理学4　思考』東京大学出版会, Pp. 157-180.

佐藤正二 1998『社会的スキル訓練に関する縦断的研究』平成8〜9年度科学研究費補助金（基盤研究（C）(2)）研究成果報告書

佐藤容子・佐藤正二・高山巌 1993「攻撃的な幼児に対する社会的スキル訓練—コーチング法の使用と訓練の般化性—」『行動療法研究』**19**, 13-27.

澤江幸則 2007「運動」本郷一夫編『発達心理学：保育・教育に活かす子どもの理解』建帛社, Pp.13-26.

Schneider, W. 1986 The role of conceptual knowledge and metamemory in the development of organizational processes in memory. *Journal of Experimental Child Psychology,* **42**, 218-236.

Schunk, D. H., & Zimmerman, B. J.（Eds.）1998 *Self-regulated learning: From teaching to self-reflective practice.* New York: The Guilford Press.

世界保健機構（WHO）1992「ICD-10」http://www.who.int/classifications/icd/en/

仙田満 1998『子どものためのあそび空間』市ヶ谷出版社

シャファー，H. R. 2001 無藤隆・佐藤恵理子訳『子どもの養育に心理学がいえること』新曜社

島村直己・三神廣子 1994「幼児のひらがなの習得：国立国語研究所の1967年の調査との比較を通して」『教育心理学研究』**42**, 70-76.

嶋野重行・大谷敦・勝倉孝治 1999「教師の指導態度と友人関係を中心とした児童の好悪関係に関する研究」『日本教育心理学会第41回総会発表論文集』**265**.

清水睦美 2006『ニューカマーの子どもたち』明石書房

新保真紀子 2001『「小1プロブレム」に挑戦する』明治図書

進藤聡彦 1995「誤法則を明確化する先行課題が法則の修正に及ぼす効果」『教育心理学研究』**43**, 266-276.

進藤聡彦・麻柄啓一 1999「ルール適用の促進要因としてのルールの方向性と適用練習—経済学の「競争と価格のルール」の教授法に関する探索的研究—」『教育心理学研究』**47**, 462-470.

進藤聡彦・麻柄啓一・伏見陽児 2005「誤概念の修正に有効な反証事例の使用方略—「融合法」の効果—」『教育心理学研究』**54**, 162-173.

庄司一子・小林正幸・鈴木聡志 1990「子どもの社会的スキル—その内容と発達」『日本教育心理学会第32回総会発表論文集』**283**.

Siegler, R. S. & Thompson, D. R. 1998 Hey, would you like a nice cold cup of lemonade on

this hot day?: Children's understanding of economic causation. *Developmental Psychology*, **34**, 146-160.
Siegler, R. S. 1976 Three aspects of cognitive development. *Cognitive Psychology*, **8**, 481-520.
Siegler, R. S. 1987 The perils of averaging data over strategies: An example from children's addition. *Journal of Experimental Psychology: General*, **116**, 250-264.
Siegler, R. S. 1976 Three aspects of cognitive development. *Cognitive Psychology*, **8**, 481-520.
総務省統計局編 2007『労働力調査年報』日本統計協会
Spelke, E. S. 1991 Physical knowledge in infancy: Reflections on Piaget's theory. In S. Carey & R. Gelman (Eds.), *The epigenesist of mind: Essays on biology and cognition*, Lawrence Erlbaum Associates.
Starkey, P., & Cooper, R. S. 1980 Perception of numbers by human infants. *Science*, **210**, 1033-1035.
Stigler, J. W., Lee, S., & Stevenson, H. W. 1987 Mathematics classrooms in Japan, Taiwan, and the United States. *Child Development*, **58**, 1272-1285.
Strauss, S. 1982 *U-shaped behavioral growth.* New York: Academic Press.
須藤敏昭 1991『現代っ子の遊びと生活―"遊び"からみた子育て論』青木書店
住田正樹 2003「子どもたちの「居場所」と対人的世界」住田正樹・南博文編『子どもたちの「居場所」と対人的世界の現在』九州大学出版会
鈴木聡志・庄司一子 1991「子どもの社会的スキルの内容について」『教育相談研究』**28**, 24-32.
橘春菜 2007「他者への情報伝達を意図した描画表現の発達」『教育心理学研究』**55**, 469-479.
髙垣マユミ・中島朋紀 2004「理科授業の協同学習における発話事例の解釈的分析」『教育心理学研究』**52**, 472-484.
髙垣マユミ・田原裕登志 2005「相互教授が小学生の電流概念の変容に及ぼす効果とそのプロセス」『教育心理学研究』**53**, 551-564.
高橋登 2001「学童期における読解能力の発達過程―1-5年生の縦断的な分析」『教育心理学研究』**49**, 1-10.
田中治彦 2001「関わりの場としての「居場所」の構想」田中治彦編『子ども・若者の居場所の構想―「教育」から「関わりの場」へ』学陽書房
田中麻未 2006「パーソナリティ特性およびネガティブ・ライフイベンツが思春期の抑うつに及ぼす影響」『パーソナリティ研究』**14**, 149-160.
タナー・林 正監訳 1993「成長のしくみをとく」『胎児期から成人期までの成長のすすみ方』東山書房 (Tanner, J. M. 1989 Foetus into man ― Physical Growth from Conception to Maturity (2nd ed.). Castlemead Publications.)
寺本潔 1988『子ども世界の地図―秘密基地・子ども道・お化け屋敷の織りなす空間』黎明書房
寺本潔 1994『子どもの知覚環境―遊び・地図・原風景をめぐる研究』地人書房

寺本潔・大西宏治 2004『子どもの初航海：遊び空間と探検行動の地理学』古今書院
寺沢宏次・西條修光・柳沢秋孝・篠原菊紀・根本賢一・正木健雄 2000「GO/NO-GO 実験による子どもの大脳発達パターンの調査　日本の'69, '79, '98 と中国の子供の'84 の大脳活動の型から」『日本生理人類学会誌』5 (2), 47-54.
Thompson, D. R. & Siegler, R. S. 2000 Buy Low, Sell High: The development of an informal theory of economics. *Child Development*, 71, 660-677.
戸田まり・サトウタツヤ・伊藤美奈子共著 2005『グラフィック性格心理学』サイエンス社
徳田仁子 2003「第4章 学校臨床における見立て・アセスメント」伊藤美奈子・平野直己編『学校臨床心理学・入門』有斐閣，Pp. 61-83.
遠矢幸子 2001「学校不適応児支援のための教師に対する援助に関する臨床社会心理学的基盤研究」平成9〜12年度科学研究費補助金（基盤研究（C）(2)）研究成果報告書
Turiel, E. 1983 *The development of social knowledge: Morality and convention.* Cambridge University Press.
内田伸子 1989a「物語ることから文字作文へ─読み書き能力の発達と文字作文の成立過程」『読書科学』33, 10-24.
内田伸子 1989b「子どもの推敲方略の発達─作文における自己内対話の過程」『お茶の水女子大学人文科学紀要』42, 75-104.
氏家達夫 1996『親になるプロセス』金子書房
梅本堯夫・岩吹由美子 1990「旋律化の発達について」『発達研究』6, 133-146.
Vosniadou, S. & Brewer, W. F. 1992 Mental models of the earth: A study of conceptual change in childhood. *Cognitive Psychology,* 24, 535-585.
和田さゆり 1996「性格特性用語を用いた Big Five 尺度の作成」『心理学研究』67, 61-67.
Wapner, S., & Demick, J. 1991「第2章 有機体発達論的システム論的アプローチ」山本多喜司・S. ワップナー編『人生移行の発達心理学』北大路書房
Weiner, B. 1972 *Theories of motivation: From mechanism to cognition.* Chicago: Markham.
Wimmer, H., & Perner, J. 1983 Bliefs about bliefs: Representation and constraining function of wrong beliefs in young children's understanding of deception. *Cognition,* 13, 103-128.
山中康裕 1994「子どもの問題行動をどう理解し対応するか」『児童心理』664, 3-11.
八尾勝 1994「いじめた子にどう対応するか」『児童心理』664, 57-59.
矢田部達郎・辻岡美延・園原太郎 1951『YG 性格検査』竹井機器工業
吉田甫 1992「数の理解」吉田甫・栗山和広編『教室でどう教えるか・どう学ぶか』北大路書房
吉崎静夫・水越敏行 1979「児童による授業評価─教授行動・学習行動・学習集団雰囲気の視点より─」『日本教育工学雑誌』4, 41-51.
Zimmerman, B. J. 1989 A social cognitive view of self-regulated academic learning. *Journal of Educational Psychology,* 81, 329-339.

索　引

あ

アイゼンバーグ，N.　94
愛他性　94
アイデンティティ（自我同一性概念）　7，101
足場づくり　11
アスペルガー症候群　110
アセスメント　115
育児休業　69
育児ストレス　74
いじめ　106
　―加害者　82
　―被害者　82
一次障害　113
一次的ことば　49
逸脱行為　118
一般型　19
居場所　58
遺伝と環境の相互作用　20
ヴィゴツキー，L. S.　10，12
ウェクスラー，D.　24
内田クレペリン精神検査　98
裏サイト　125
運動発達環境　23
運動評価要因　21
運動野　14
映像的表象　123
HIV　122
栄養　17
エクソシステム　12，44
エリクソン，S.　6，123
援助探索行動　34，35
オールドカマー　116
親からのかかわりのバランス　73
親子関係　70
親としての発達　74
親になることによる発達　74

か

ガードナー，H.　25
外言　10
外国はがし　117
外的調整　42
外発的動機づけ　42
外部記憶補助　29
会話的能力　118
可逆性　9
核家族　68
拡散的思考　26
学習障害（LD）　110，112
学習スキル　33
学習の転移　36
学習方略　32
学力に結びついた言語能力　118
仮説演繹的思考　9，123
家族機能　71
家族システム論　71
家族発達　70
価値　40
学級風土　65，86
学級雰囲気　86
学級目標　84
学校教育の学び　62
学校知　62
活動　10
家庭と仕事の両立支援　68
刈り込み　15
感覚運動期　8
感覚記憶　28
感覚野　14
環境移行　66
関係性攻撃　96
記憶の発達　28
記憶方略　28
記憶容量　28
気質　98
基礎的運動スキル　19
期待　40
基本的運動スキル　19
虐待の予防策　77
キャッテル，R.　24
ギャング（徒党）　7
ギャング・グループ　79
9歳の壁　51
休養　17
共感性　94
教師の指導態度　86

索　引

きょうだい関係　72
きょうだい間の対立　72
協同学習　64
具体的操作期　8, 123
クロス・カリキュラム　37
クロノシステム　13
経験理論　25
形式的操作期　9, 123
携帯電話　125
ゲーム　60
権威主義的（authoritarian）な養育　70
権威的（authoritative）な養育　70
原因帰属　40
　―認知　33
健康の概念　16
原風景　59
高機能自閉症　110
攻撃性　96
向社会的行動　94
肯定的な運動経験　21
コールバーグ，L.　92
国際人権規約　117
心の理論　90
孤食　69
個人間差　20
個人内差　20
孤独　126
子どもの空間認識　58
個別の教育支援計画（IEP）　111
コミュニケーション　71
コンポーネント理論　25

さ

サーストン，L. L.　24
再帰属訓練　41
作業記憶容量　30
作業法　98
サリヴァン　124
漸性説　7
自我同一性　123
軸索　15
自己意識　67, 100
自己概念　100
自己決定理論　42
自己肯定感　21
自己効力感　33, 102
自己コントロール　32, 73

自己省察　46
自己制御　35
　―力　104
自己中心性　9
自己調整　46
自己評価　102
自己モニタリング　32
自己有能感　21
自主的選好性　45
自然体験
自尊感情　79, 102
質問紙法　98
視点取得能力　73
児童虐待　74, 76
　―防止法　76
児童の権利に関する条約　117
シナプス　15
二次信念課題　90
自閉症　110
　―スペクトラム障害（ASD）　114
社会性　33, 84
　―の発達　61
社会的サポート　77
社会的情報処理　96
社会的スキル　61, 79, 80, 97
　―訓練　81
社会的責任目標　65
社会の発達　84
社会・文化的な文脈　10
収束的思考　26
柔軟性　71
周辺化　118
熟慮型-衝動型　27
樹状突起　15
受容的勤勉性　45
小1問題（プロブレム）　66
象徴的表象　123
情動　104
　―制御　73, 104
情報処理理論　30
食育　69
食習慣　17
自立性支援　39
シングル・ペアレント　68
神経型　19
人工妊娠中絶　122
新生児反射　18

139

身体的虐待　76
人的環境　21
新ピアジェ派　30
親友　79
心理的虐待　76
遂行コントロール　46
髄鞘化　15
スクールカウンセラー　106
スクールモラール　86，124
スタンバーグ，R.J.　25
スピアマン，C.E.　24
性格　98
生活スタイルの乱れ　17
生活体験　61
性感染症　122
成功経験　21
性行動　121
生殖型　19
生態学的妥当性　12
性的虐待　76
正の転移　36
性役割　120，121
世代間連鎖　77
摂食障害　120
前操作期　8
前頭連合野　14
相互教授法　64
操作　8
創造性　26
素朴概念　52

た
退行　72
第三セクター　117
対人関係領域ルール習得の臨界期　117
体制化方略　28
第2言語習得の臨界期　117
第二次性徴　119，123
大脳（新）皮質　14
対話　64
他者理解　73
達成動機　33，40
脱中心化　9，123
WHO（世界保健機関）憲章　16
短期記憶　28
地域支援コーディネーター　111
知的発達　84

知能の構造　24
知能の定義　24
注意欠陥・多動性障害（ADHD）　110，113
中1ギャップ　66
抽象概念　123
中心から周辺へ　18
中心溝　14
中枢神経系　14
長期記憶　28
適応性　71
テストスキル　33
テストバッテリー　98
展望的記憶　29
同一化的調整　42
投影法　98
道具　10
統合的調整　42
道徳性　92
頭部から尾部へ　18
特段の配慮　117
特別支援学校　111
取り入れ的調整　42

な
内言　10
内発的動機づけ　42
仲間関係　78
二次障害　113
二次的ことば　49
日常記憶　29
日常生活の学び　62
ニューカマー　116
人間発達の生態学　12
認識　8
認知スタイル　27
認知的葛藤　35
ネグレクト　76
ネットいじめ　125
脳の機能　14
脳の構造　14
脳の発達　15

は
場依存型-場独立型　27
バグ　51
発達加速現象　119
発達障害　110

索　引

発達的観点　23
発達の最近接領域　11, 64
ピアジェ, J.　8, 12, 92, 123
PM式　87
Big Five 尺度　98
人見知り　100
秘密基地　59
不安　118, 126
符号化　31
父子関係　71
不登校　106, 108
負の転移　36
プライベートスピーチ　11
ブルーナー, J.S.　123
フロイト, S.　123
ブロス, P.　124
ブロンフェンブレンナー, U.　12
文脈理論　25
分離-固体化　124
　—論　7
放任的 (permissive) な養育　70
保存概念　8
ホフマン, M.L.　95

ま

マイクロシステム　12, 44
マクロシステム　12, 44
末梢神経系　14
マルトリートメント　76
無関与的 (uninvolved) な養育　70
メゾシステム　12, 44

メタ記憶　28
メタ認知　32, 46, 64
　—的経験　32
　—的知識　32
メディア利用　60
モデリング　102
問題解決　34
　—方略　32

や

有能感　7
養育権　76
養育スタイル　70
予見　46

ら

ライフスタイル発達段階論　6
リハーサル方略　28
領域固有性　36
領域特殊理論　93
両価感情 (アンビバレンス)　7
臨界期　117
リンパ型　19
ルール評価アプローチ　30
ロールシャッハ検査　98

わ

ワーク・ライフ・バランス　69
Y-G性格検査 (矢田部・ギルフォード性格検査)　99

141

監　修

無藤　隆　白梅学園大学
森　敏昭　広島大学

編著者

青木多寿子（あおき　たずこ）
広島大学教育学研究科学習開発学講座准教授　博士（心理学）
福岡県出身
〈主著書〉
『児童心理学』放送大学出版協会
『認知発達の心理学：U字型発達曲線に見る青年前期の認知特性』九州大学出版会
『キーワードコレクション　教育心理学』新曜社
『認知心理学者　新しい学びを語る』北大路書房
『ポジティブ心理学』ナカニシヤ出版

戸田まり（とだ　まり）
北海道教育大学教育学部札幌校准教授
愛知県出身
〈主著書〉
『よくわかる発達心理学』ミネルヴァ書房
『グラフィック性格心理学』サイエンス社
『新保育ライブラリ　発達心理学』北大路書房
『自己心理学2　生涯発達心理学へのアプローチ』金子書房

［心理学のポイント・シリーズ］
児童心理学

2009年11月20日　第1版第1刷発行	監　修	無藤　隆 森　敏昭
	編著者	青木多寿子 戸田まり

発行者　田中　千津子	〒153-0064　東京都目黒区下目黒3-6-1
発行所　株式会社 学文社	電話　03（3715）1501（代） FAX　03（3715）2012 http://www.gakubunsha.com

© AOKI Tazuko & TODA Mari 2009　　　　　印刷　㈱シナノ
乱丁・落丁の場合は本社でお取り替えします。
定価は売上カード，カバーに表示．

ISBN978-4-7620-1885-5